岩 波 文 庫

33-343-1

ブッダが説いたこと

ワールポラ・ラーフラ著
今 枝 由 郎 訳

Walpola Rahula

WHAT THE BUDDHA TAUGHT

1959

凡　例

一、本書はワールポラ・ラーフラ（Walpola Rahula, 1907–97）の *What the Buddha Taught*, Bedford: Gordon Fraser Gallery, 1959 の全訳である。

一、著者による補遺、言い換えは（　）、訳者による補遺、説明、注は〔　〕で示した。

一、原著には多くの注があるが、その大半はパーリ語経典へのレファレンスである。これらは著者の学術的アプローチ上、論述の根拠を示すために不可欠であった。しかしながら、日本語訳読者にとっては不要と思われるため、語意の説明や追加情報を含むもののみを訳出した。

一、原注とは別に、訳者による日本語訳読者向けの注および補足的説明を加えたが、それらは原注と区別するため〔訳注〕と明記した。しかし読者の便を考慮して、両者を別々に分けることをせず、章ごとに共通の通し番号を付し、原則として見開き左ページに傍注として示した。

一、原著巻末の参考文献は、刊行時点（一九五九年）での英文仏教関連書を紹介したものであり、現在の日本の読者には不要と思われるので、割愛した。

一、原著には、一七点の仏像の白黒写真が掲載されているが、既存の出版物やウェブ上でカラー写真が容易に閲覧できる現在、再掲の必要度は低いと判断し、割愛した。

一、原著には小見出しがないが、読みやすさに配慮して適宜挿入した。

目　次

凡　例
序　言……………………ポール・ドゥミエヴィル…9
まえがき……13
ブッダとは……21
第一章　仏教的な心のあり方……25
第二章　第一聖諦　ドゥッカの本質……55
第三章　第二聖諦　ドゥッカの生起……81
第四章　第三聖諦　ドゥッカの消滅……91
第五章　第四聖諦　ドゥッカの消滅に至る道……109
第六章　無　我（アナッタ）……121

第七章　心の修養（バーヴァナー）…… 149
第八章　ブッダの教えと現代 …… 165
用語集 …… 189
解説 …… 193
訳者あとがき …… 205

ブッダが説いたこと

序　言

この本は、自らが立派な仏教修行者であり、仏教を語るのにもっともふさわしい人の一人が、近代精神をはっきりと意識して著した仏教概説である。

著者ワールポラ・ラーフラ師(1)はセイロン〔現スリランカ〕で伝統的な僧侶教育を受けたのち、島内の代表的な僧院の要職を歴任した。周知のとおり、セイロンではアショーカ王(2)の時代から仏教が栄え、現在までその活力を保っている。師は、古代からの伝統的修行を積んだのち、すべての伝統が論駁される現代にあって、国際的科学研究の精神と方法論に向きあうことを決意した。セイロン大学に入学し、〔ロンドン大学〕優等学士号を受け、セイロン仏教史に関する非常にすぐれた論文でセイロン大学哲学博

(1)　〔訳注〕ワールポラはスリランカの旧首都コロンボ東近郊、現在の首都スリジャヤワルダナプラコッテの北近郊の町の名前。ラーフラはブッダ・シャーキャムニの実子と同名。この名前については、「ブッダとは」の注(3)参照。

(2)　〔訳注〕紀元前三世紀にインドを支配した仏教王。漢訳仏典では阿育王《あいく》。

士号を取得した。その後インドのカルカッタ〔現コルカタ〕大学に進んで優れた教授陣から指導を受け、チベットから極東に至る地域で栄えているマハーヤーナ〔大乗仏教〕信奉者とも交流を深めた。そして、仏教全般にわたる見識を広めるためにチベット語、中国語仏典の研究を手がけた。師をパリ大学〔ソルボンヌ〕の留学生として受け入れることができたのは、私たちの光栄とするところである。師は、マハーヤーナを代表する哲学者アサンガ(3)の研究に従事したが、元来サンスクリット語で書かれていた彼の著作は散逸し、現在ではチベット語訳と中国語訳が残っているだけである。

師はパリに来てすでに八年になるが、黄土色の僧衣をまといながら、西洋の空気を吸っている。師はおそらく、私たち〔西洋人〕のさまざまな問題を抱えた古い鏡に映し出される、自らの宗教の普遍性を見出そうとしているのであろう。

私は師からこの本を西洋の一般読者に紹介するための序言を依頼される光栄に浴した。本書はパーリ語ではアーガマ「伝承」、サンスクリット語ではニカーヤ「部」(4)と呼ばれる、もっとも古い経典に見出される、基本的な仏教の教えを誰にもわかるように明晰に説いたものである。ラーフラ師は誰にもまして古い経典に精通しており、本書ではたえずそれらに言及し、ほとんどそれらのみを根拠にしている。仏教は実におびただしく分化してきたし、現在でも分化しているが、そのすべての諸派はこうした古い経典の権威を一様に認めている。そして経典の字面に囚われず、その真意をより よく表現するための場合を除き、仏教諸派は一つとしてこうした古い経典から逸脱してはいない。仏教が何世紀にもわたり、広大な地域に伝播するにつれ、経典の解釈は実に多様化し、仏教はさまざまなかたちを採った。ラーフラ師が本書で提唱する仏教は、ユマニスト的であり、合理的であり、ある面ではソクラテス的であり、また別な面では福音書的でもあり、さらには科学的でもある。師は数多くの真正な経典に依拠しているが、ただそれらをして語らしめているだけである。

師は自ら正確無比に翻訳した経典に説明を加えているが、それらは明断で、シンプルで、直截的であり、衒学的《げんがく》なところがいささかもない。

師はパーリ語経典のなかにマハーヤーナ仏教のすべての教義を見出そうとしている

（3）〔訳注〕四世紀のインドの学僧。漢訳仏典では無着《むじゃく》。

（4）〔訳注〕ディーガ・ニカーヤ（長部経典）、マッジマ・ニカーヤ（中部経典）、クッダカ・ニカーヤ（小部経典）、サムユッタ・ニカーヤ（相応部経典）、アングッタラ・ニカーヤ（増支部《ぞうしぶ》経典）の五つ。

が、この点に関しては論議の余地があるであろう。しかし、これらの経典に精通した師の見解は、新たな光をもたらしている。

師は、近代人に照準を当てて本書を著しており、社会主義、実存主義、心理分析などの現代思想のさまざまな潮流との比較もあちこちで行なっているが、それを強調することは控えている。著者は本書の中で豊かな仏教教義を純粋に学問的に紹介しているが、その近代性、近代的適応の可能性を見極めるのは、読者自身である。

フランス学士院会員、コレージュ・ド・フランス教授
（パリ）高等学問研究院　仏教研究ディレクター
ポール・ドゥミエヴィル(5)

（5）〔訳注〕二〇世紀フランス最大の中国学・仏教学の研究者。一八九四―一九七九。

まえがき

今日世界中で、仏教への関心が高まりつつある。いくつもの学会や研究グループが創設され、ブッダの教えに関する本が数多く出版されている。しかし残念ながら、そのほとんどは仏教を論ずる本当の資格のない人たち、あるいは他宗教の影響から仏教を誤解し、正しく伝えていない人たちによって著されたものである。一例を挙げると、最近仏教に関して一書を著した比較宗教学者は、ブッダの直弟子であるアーナンダが僧侶であることすら知らず、俗人であると述べている。こうした著者によって書かれる仏教書の読者は、自らの想像に任せて仏教を理解することになってしまう。

私はこの小冊子を、仏教に造詣はないけれども、ブッダが本当に何を説いたのかを知ろうとする、教育があり、知性のある一般読者を対象に著した。そのために、私はブッダが実際に用いたことばを忠実かつ正確に、そしてできるだけ簡潔に、直截に、平易に伝えようと心がけた。こうしたブッダのことばは、現存する最古の記録として研究者たちから一般的に認められているパーリ語トリピタカ[1]に収められているものである。引用はすべて、直接パーリ語原典からのものであるが、例外的に少し時代が下る資料からのものもある。

また、すでに仏教に関してある程度の知識をもち、さらに詳しく知りたいと願っている読者も念頭に置いた。それゆえに、主要な用語にはパーリ語を併記したばかりでなく、注で原典へのレファレンスを記し、巻末に参考文献を列挙した(2)。

本書を著すにあたってはいくつもの難しさがあった。私は、一般的に知られていることと馴染みがないこととの橋渡しをし、ブッダの教えの内容と形式を損なわずに、現代の英語読者が理解できるようにすることを心がけた。また私は古代の経典を常に思い浮かべつつ、同義語や反復を意図的に残した。なぜなら、それらは、口承で現在まで伝えられてきたブッダの教えの一部なので、読者にもそれを感じてほしいと思ったからである。翻訳はできるだけ原典に忠実であると同時に、平易で読みやすいものにするように努めた。

しかし、限界もある。平易に説明しようとするあまり、ブッダの真意を損なってしまう場合もある。本書のタイトルを『ブッダが説いたこと』とした以上、ブッダが用いた比喩《ひゆ》、表現、繰り返しも含めて、ブッダ自身のことばをそのまま記すべきだと考えた。そうしないほうが、読者にとってはわかりやすい場合もあるであろうが、それは意味を歪曲する危険を冒すことにもなったであろう。

私は本書で、ブッダの教えの中で中心的、基本的とされるものをすべて論じた。それらは、四聖諦《ししょうたい》、八正道《はっしょうどう》、五集合要素、(3)カルマ、(4)再生、「条件付けられた生起」、無我、正しい気付きである。当然のこととして、論述のなかには西洋の読者にとっては馴染みがない表現があるであろう。読者にはできるなら、まず第一章から始めて、次に第五、七、八章と進み、それから第二、三、四章そして第六章へと読み進めていただき

(1)〔訳注〕ブッダの教え(スートラ、経)、規律(ヴィナヤ、律)、それら二つに対する註釈(アビダルマ、論)の三つ。経律論の「三蔵」と総称される。

(2)〔訳注〕日本語訳では、その多くを省いた。その理由は凡例参照。

(3)〔訳注〕現象界を構成する五要素。漢訳仏典では五蘊《うん》。

(4)〔訳注〕漢訳仏典では業《ごう》。著者は、仏教固有の用語に対して適切な英語が見つからない場合、原語を残して、それを説明するようにしている。訳者はこの方針を尊重して、日本語訳でもあえて既存の漢訳仏教用語を用いず、原語をカタカナ表記した。カルマに関する説明は第三章でなされている。

たい。そうすれば、全体の意味がより明確で、生き生きとしたものとなるであろう。テーラワーダとマハーヤーナの両者が基本的テーマとして認めていることを扱わずに、ブッダの教えに関する本を著すことは不可能である。

テーラワーダ――従来「ヒーナヤーナ」すなわち「小乗」という訳語が用いられてきたが、識者の間ではもはや用いられない――は「長老派」、そしてマハーヤーナは「大乗」と訳すのが適切であろう。それらは、現在、世界で知られている仏教の主要な二大潮流を表わしている。原初的、正統的仏教と見なされるテーラワーダは、セイロン、ビルマ〔現ミャンマー〕、タイ、カンボジア、ラオス、そして東パキスタン〔現バングラデシュ〕のチッタゴンで信奉されている。比較的後世になって発展したマハーヤーナは、中国、日本、チベット、モンゴルなどに広まっている。この二つの潮流の間には、主に信仰、実践、儀式に関していくつかの相違点がある。しかし、本書で扱ったような、ブッダの主要な教えのほとんどに関してはテーラワーダとマハーヤーナで異なるところはない(5)。

本書の執筆を勧め、さまざまなかたちで援助し、興味を示し、助言し、原稿を読んで下さったE・F・C・ルドウィック(6)教授に謝意を表します。原稿に目を通し、貴重な提案を下さったマリアンヌ・モーン女史にも深く感謝します。最後に、パリでの恩師ポール・ドゥミエヴィル教授には、親切にも序言を寄せていただき深く恩義を感じます。

一九五八年七月　パリにて

W・ラーフラ

（5）〔訳注〕仏教をヒーナヤーナ（小乗）とマハーヤーナ（大乗）に二分するのは、時代的には後代になって成立したマハーヤーナ仏教に特有のことである。マハーヤーナ仏教は、それ以前のテーラワーダ（長老派）仏教を劣ったものと見なして、ヒーナ（小）と称し、自らはそれより優れたものと見なしてマハー（大）と称した。それゆえに、ヒーナヤーナ（小乗）はマハーヤーナ（大乗）仏教側からの一方的な蔑称であり、現在では用いられない。

（6）〔訳注〕イギリス人英文学者、セイロン歴史学者。一九〇六―八五。

マニに捧ぐ

Sabbadānam dhammadānam jināti

ダルマ[1]の布施に勝る布施はない。

(1) 〔訳注〕ブッダの教え。パーリ語ではダンマ。このことばには，他にもさまざまな意味があり，「真理」「ものごと」といった意味でもよく用いられる。

ブッダとは

ブッダ「目覚めた人」――姓はゴータマで、名はシッダッタ（サンスクリット語ではシッダールタ）――は、紀元前六世紀[1]に北インドに生きた。父スッドーダナは、シャーキヤ[2]王国（現在はネパール領内）の支配者であり、母の名はマーヤーといった。当時の慣習に従い、彼は一六歳という若さで、ヤショーダラという美しくて、気だてのやさしい娘と結婚した。若い王子は、王宮のなかで何一つ不自由なく、恵まれた生活を送った。しかし突如として、人生の現実、人類の苦しみに直面し、その解決策――この普遍的苦しみから逃れる道――を見出そうと決心した。一人息子ラーフラ[3]の誕生直後、彼は二九歳で王国をあとにして、解決策を求めて苦行者となった。

（1）〔訳注〕最新の研究では、ブッダの生没年は紀元前四六三年頃―三八三年頃とされるが、それよりも一、二世紀遡る説もある。

（2）〔訳注〕氏族名。漢訳仏典では釈迦《しゃか》と音写される。ブッダはこの氏族出身の聖者（ムニ）なのでシャーキャムニ（釈迦牟尼《しゃかむに》）と呼ばれるようになった。

苦行者ゴータマは、六年のあいだガンジス川〔中〕流域のあちこちに赴き、さまざまな師に会い、彼らの教えと方法を学び、厳しい苦行に励んだ。しかし満足は得られなかった。それゆえに、彼はすべての伝統的な宗教とその修行方法を棄て、自らの道を歩み始めた。そしてある晩、ブッダガヤ〔現在のビハール州ガヤの近く〕のネーランジャラー川の岸辺で一本の木の下に坐り、三五歳にして「目覚め」た。それ以来、彼はブッダ「目覚めた人」として知られるようになり、この木は菩《ぼ》提樹《だいじゅ》、すなわち「目覚め〔菩提〕の木」と名付けられた。

「目覚め」のあと、ゴータマ・ブッダは、ベナレスの近くのイシパタナ〔現在のサールナート〕の鹿野《ろくや》苑《おん》で、かつて苦行を共にした五人の仲間に最初の説法を行なった。その日から四五年の間、ブッダは王や農民、バラモン[4]や賤民、金貸しや物乞い、聖職者や盗賊といったありとあらゆる人たちに、いっさいの分け隔てなく教えを授けた。ブッダはカーストや社会階級といった差別を認めなかった。彼が説いた道は、それを理解し実践しようという意欲さえあれば、男であれ女であれ、すべての人に開かれたものであった。

ブッダは八〇歳で、クシナーラー〔現在のウッタル・プラデーシュ州に位置する〕で亡くなった。

今日仏教は、セイロン、ビルマ、タイ、カンボジア、ラオス、ヴェトナム、チベット、中国、日本、モンゴル、韓国、台湾、インド、パキスタン、ネパールの一部、そしてソビエト〔現ロシア〕で信奉されていて、世界の仏教徒人口は五億人以上である。

（3）〔訳注〕ブッダ・シャーキャムニの実子。後に出家して、十大仏弟子の一人に数えられる。漢訳仏典では羅睺羅《らごら》。ラーフラは、一般に「障害、束縛」の意味に解釈され、ブッダ自身が子供は出家し、精神的探求に専念するのに「障害、束縛」になることを知っていたがゆえに、そう名付けたと言われているが、俗説に過ぎないであろう。ラーフラは元来、シャーキャ族のトーテム的存在であるナーガ（龍）の頭を指し、ラーフラは「龍の頭となる者」といった意味であったであろう。いずれにせよ、インドの伝統では家系を継ぐ者が生まれるまでは、出家が認められていなかったが、シッダールタ王子は結婚後一三年にしてようやく嫡子に恵まれ、世継ぎの問題が解決したことになる。こうして彼は晴れて家を後にし、精神的探求に生きる修行者となり、六年ほどして真理に「目覚め」、「目覚めた人」すなわちブッダとなった。

（4）〔訳注〕インドのカースト制での最高のカーストに属する司祭者。

第一章　仏教的な心のあり方

ブッダ「目覚めた人」は一人の人間であった

ブッダを、一般的意味での「宗教の開祖」と呼ぶことができるとすれば、彼は「自分は単なる人間以上の者である」と主張しなかった唯一の開祖である。他の開祖たちは、神あるいはその化身、さもなければ神からの啓示を受けた存在である〔か、そうであると主張している〕。ブッダは、一人の人間であったばかりではなく、神あるいは人間以外の力からの啓示を受けたとは主張しなかった。彼は、自らが理解し、到達し、達成したものはすべて、人間の努力と知性によるものであると主張した。人間は、そして人間だけが、ブッダ「目覚めた人」になれる。人間は誰でも、決意と努力次第でブッダになる可能性を秘めている。ブッダとは、「卓越した人間」と呼ぶことができる。ブッダは完璧な「人間性」を実現したがゆえに、後世に至って一般的には「超人」と見なされるようになった。

人間存在こそが至高

ブッダによれば、人間存在こそが至高である。人間は自らの主であり、それより高い位置から人間の運命を審判できる〔神のような〕存在や力はない。

「自らが自らのよりどころであり、自分以外の誰をよりどころとすることができようか？」

とブッダは述べた。

ブッダは弟子たちに「自らが自らのよりどころとなり」、けっして他人を頼らず、他人から助けを求めないようにと諭した。彼は、人間は自らの努力と知性によってあらゆる束縛から自らを自由にすることができるのだから、誰であれ自分を啓発し、自分を解放するようにと教え、励まし、刺激した。

ブッダは言った。

「あなたたちは、自ら歩まなくてはならない。タターガタ(1)はその道を示すにすぎない」

もしブッダが「救済者」と呼ばれるとすれば、それはブッダが解脱すなわちニルヴァーナ(2)に至る道を発見し、提示したという意味においてでしかない。道は私たち一人ひとりが自ら歩まねばならないのである。

自由と自己責任性

ブッダが弟子たちに自由を認めたのは、この自己責任性の原則に基づいてであった。ブッダは『マハーパリニッバーナ・スッタ〔大般涅槃経《だいはつねはんきょう》〕』のなかで、自らがサンガ(3)を

(1)　文字通りには、「真理に到達した者」すなわち「真理を発見した者」という意味。これはブッダが自分自身およびブッダ一般を指すのに用いたことばである。〔訳注。本書では以下原則的に、タターガタはブッダということばで統一した〕

(2)　〔訳注〕漢訳仏典では「涅槃《ねはん》」。パーリ語ではニッバーナであるが、このサンスクリット語形の方がよく知られているので、著者もこのかたちのほうを多く用いている。詳しくは第四章参照。

(3)　文字通りには「共同体」。仏教では「仏教僧の共同体」を指す。ブッダ、ダルマ（教え）、サンガ（教団）はティサラナ「三つの守護者」あるいはティラトナ（サンスクリット語ではトリラトナ）「三宝」として知られる。〔訳注。サンガは、漢訳仏典では一般に「僧伽《そうぎゃ》」と音写される〕

統率したり、サンガが彼を頼るといったことは考えたこともない、と述べている。ブッダはまた、彼の教えには秘儀はなく、握ったこぶしの中に隠されたものは何もない、すなわち隠しごとは何もない、と言っている。

ブッダが認めた思想の自由は、他の宗教では例のない寛容さであるが、この自由こそ必要不可欠なものである。なぜならブッダは、自己解放は人が自ら真理を実現することによって得られるものであり、神あるいは外的な力から従順な善い行ないに対する報いとして与えられるものではない、と考えていたからである。

疑いの除去

ブッダはあるときコーサラ王国のケーサプッタという村を訪れた。この村の住民はカーラーマと呼び習わされていた。村民はブッダが村にやって来たと聞き、彼の許に集まって、こう告げた。

「師よ、さまざまな修行者やバラモンがケーサプッタを訪れます。彼らは自らの教義だけを説明し、明確にし、他の教義を軽蔑し、糾弾し、侮ります。そのあとで、また別の修行者やバラモンが訪れ、同じように、自らの教義だけを説明し、明確にし、他の教義を軽蔑し、糾弾し、侮ります。しかし師よ、私たちは、こうした尊い修行者やバラモンのうち誰が真実を語り、誰が偽りを語っているのかわからず、いつも戸惑っています」

それに対して、ブッダは次のような助言を授けたが、これは宗教史上唯一の例外的なものである。

「カーラーマたちよ、あなたたちが疑い、戸惑うのは当然である。なぜなら、あなたたちは疑わしい事柄に疑いを抱いたのであるから。カーラーマたちよ、伝聞、伝統、風説に惑わされてはならない。聖典の権威、単なる論理や推理、外観、思弁、うわべ上の可能性、「これが私たちの師である」といった考えに惑わされてはならない。そうではなく、カーラーマたちよ、あなたたちが自分自身で、忌まわしく、間違っており、悪いと判断したならば、それを棄てなさい。あなたたちが自分自身で、正しく、よいと判断したならば、それに従いなさい」

ブッダはさらに、修行者は、自らが師事する人の真価を十分に得心するために、ブッダ自身のことさえも吟味すべきである、と言っている。

ブッダの教えによれば、疑いは真理を明確に理解し、精神的に進歩するための「五つの妨げ」(4)の一つである。しかしながら疑いは「罪」ではない。というのは、他の宗教で考えられているような罪は、仏教には存在しないからである。すべての悪の根源は無知であり、誤解である。疑問、戸惑い、ためらいがある限り、進歩できないのは否定できない事実である。そしてまた、ものごとが理解できず、明晰に見えない限り、疑問が残るのは当然である。それゆえに本当に進歩するためには、疑問をなくすことが絶対に不可欠である。そして疑問をなくすためには、ものごとを明晰に見ることが必要である。

疑わずに、信じるべきであるというのは、的を射ていない。ただ単に「私は信じる」というのは、本当にものごとを理解し、ものごとが見えているということではない。たとえば数学の問題を前にした生徒が、ある時点でそれ以上どう進んでいいかわからなくなり、疑問が生じ、戸惑うことがある。彼に疑問がある限り、彼は先に進めない。先に進みたければ、彼は疑問をなくす必要がある。そして、疑問をなくす方法は一つではない。ただ単に「私は信じる」あるいは「私は疑わない」というのは、問題を本当に解決することにはならない。理解することなく、自らに無理強いして何かを信じたり、受け入れたりすることは、政治的にはよくても、精神的に、あるいは知的にはよくない。

ブッダはたえず疑問をなくすことを心がけた。死の直前になっても、ブッダは弟子たちに向かって、あとになって疑問が晴らせなかったことを悔いることがないように、今まで自分が教えたことに関して何か疑問があるかどうかを質《ただ》した。しかし、弟子たちは黙して答えなかった。そのときのブッダのことばは感動的である。

「弟子たちよ、そなたたちはもしかしたら、師への敬意ゆえに質問しないのかもしれない。もしそうなら、それはよくないことだ。友人に問いかけるように質問するがいい」

思想の自由と寛容

ブッダが許した思想の自由と寛容は、宗教史上驚くべきことである。

ニガンタ・ナータプッタ（ジャイナ・マハーヴィーラ）[5]はブッダと同時代の人であったが、カルマに関してブッダとは意見を異にしていた。あるとき彼は、弟子の一人で、

（4）「五つの妨げ」とは、①感覚的欲望、②悪意、③肉体的・心的無活力と沈滞、④落ち着きのなさと不安、⑤疑い。

裕福な在家信者であったウパーリをナーランダにいたブッダの許に使わし、論戦を挑ませた。ところがまったく予想に反して、論戦の末にウパーリはブッダの意見が正しく、自分の師の説が間違っていることを確信した。そこで彼は、ブッダに弟子入りを願い出た。ところがブッダは「あなたのように知られた人にとって、慎重に検討することはいいことだから」と言って、急いで決断せず、もう一度考え直すように促した。ウパーリが再度弟子入りを乞うと、ブッダは彼に、今まで師事した先生たちを従来通り尊敬し、支持するようにと促した。

仏教王アショーカ

紀元前三世紀にインドを支配した偉大な仏教王アショーカは、この寛容と相互理解の崇高な手本に倣って、広大な帝国内のすべての宗教を尊重し援助した。今日も現存する石碑の一つには、次のように記されている。

「人は、自らの宗教のみを信奉して、他の宗教を誹謗することがあってはならない。そうではなくて、他の宗教も敬わねばならない。そうすることにより、自らの宗教を成長させることになるだけではなく、他の宗教にも奉仕することになる。そうしなければ、自らの宗教の墓穴を掘り、他の宗教を害することになる。自らの宗教のみを崇め、他の宗教を誹謗する者は、自らの宗教に対する信心から「自分の宗教を称えよう」と思ってそうする。だが実際には、そうすることで自らの宗教をより深刻に害している。それゆえに、和合こそが望ましい。誰もが、他の人びとが信奉する教えを聴こう、聴くようにしよう」

この共感的相互理解の精神は、今日宗教の分野に限らず、他の分野においても適用されるべきである、と付け加えておこう。

この寛容と相互理解の精神は、仏教の最初期からそのもっとも大切な思想の一つである。二千五百年という長い歴史を通じて、人びとを仏教に改宗させ、多くの信者を得て伝播していく過程で、一度たりとも弾圧がなく、一滴の血も流されなかったのは、まさにこの思想のおかげである。仏教は平和裡にアジア大陸のいたるところに広がり、現在五億人以上の信者を擁している。いかなるかたちの、いかなる口実の下の暴力も、ブッダの教えに背くものである。

（5）ジャイナ教の開祖であるマハーヴィーラは、ブッダと同時代の人で、おそらく数歳年長であった。

真実に名称《ラベル》は付けられない

仏教は宗教なのか、それとも哲学なのか、としばしば問われてきた。仏教をどう定義しようと、大した問題ではない。仏教をどのように呼ぼうとも、仏教であることに変わりはない。名称はどうでもいいものである。私たちがブッダの教えに付けている「仏教」という名称も、重要なものではなく、本質的なものではない。

「名前には何があるのか？　私たちがバラと呼ぶもの
それは、どんな名前がつけられようと、甘い香りがする」

それと同じく、真実にことさら名称は必要ない。それは、仏教のものでも、キリスト教のものでも、ヒンドゥー教のものでも、イスラム教のものでもない。それは、誰の占有物でもない。差別的で偏屈な名称は、各人が真実を理解する妨げになるし、人びとに有害な偏見を抱かせる。

これは知的、精神的な事柄に限らず、人間関係においても言えることである。たとえば人に会うとき、私たちはその人を人として見るのではなく、イギリス人、フランス人、ギリシャ人、ドイツ人、アメリカ人、あるいはユダヤ人という括《くく》りをし、それぞれのステレオタイプに基づく先入観を念頭にその人を見る。しかしその人は、名称に付随した属性をいっさいもたない人であるかもしれない。

人間はものを識別しようとする傾向が強いあまり、誰にでも共通する性質とか感情にまで個別的名称を付けて識別している。たとえば「慈善」という行為にしても、「仏教的」慈善と「キリスト教的」慈善とまるで二つが異なったものであるかのように呼び、他の個別的名称が付けられた慈善を見下したりする。しかし慈善には宗教による違いなどありえない。慈善はキリスト教のものでもなく、仏教のものでも、ヒンドゥー教のものでも、イスラム教のものでもない。母親の子供に対する愛は、仏教的でもキリスト教的でもなく、母性愛である。愛、慈善、慈しみ、寛容、忍耐、友情、欲望、憎しみ、悪意、無知、うぬぼれといった人間の資質と感情は、ある宗教に特有のものではなく、個別的名称が付けられるものではない。

本当の真実

本当の真実を求める人にとって、ある思想がどこから生まれたかは問題にならない。思想の起源や発展は、学者が問題にすることである。実際のところ、真実を理解するのに、それがブッダに由来するものなのか、誰か別人に由来するものなのかを知る必要はない。肝心なことは、真実を目の当たりにし、理解することである。マッジマ・ニカーヤ〔中部経典〕（一四〇番）にそれを説明する重要な話が含まれている。

「ブッダはかつてある焼き物師の小屋[6]で一晩を過ごした。そこには、ブッダより先に一人の若い隠遁修行者が到着していた。二人はお互いに面識がなかった。ブッダは隠遁修行者を観察し、「この若者は立ち居振舞がよい、彼がどんな素性の者なのかを知りたい[7]」と思った。そこでブッダは、こう尋ねた。

「ビックよ、あなたはどんな師を求めて家をあとにしたのか、あなたは誰に師事しているのか、あなたは誰の教えが好きなのか」

若者は答えた。

「友よ、シャーキャ族のゴータマ姓で、隠遁修行者となった人がいます。彼は名声が知れ渡り、完全に目覚めた人です。私は目覚めた人に従って家をあとにしました。彼は私の師であり、私は彼の教えが好きです」

「その目覚めた人は、今どこに住まわれるのか」とブッダが尋ねた。

「友よ、北方にサーヴァッティという小さな町があります。完全に目覚めた人はそここにお住まいです」

「あなたはその方に会ったことがありますか。その人を見れば、わかりますか」

「私はその師に会ったことはありません。ですから会ってもわかりません」

こうしてブッダは、その見知らぬ若者が家を棄て、隠遁修行者になったのは、自分

（6）インドの焼き物師の小屋は広くて静かである。パーリ語経典では、苦行者、隠遁修行者、ブッダ自身が、遊行中に焼き物師の小屋で一晩を過ごすという記載がよく見られる。

（7）ブッダがここで、この隠遁修行者に仏教僧を指すことばである「ビック」と呼びかけているのは興味深い。続く文脈から明らかなように、この隠遁修行者はこの先ブッダに仏教僧として入団を願い出ているから、このときはまだ仏教僧ではなかった。考えられるのは、ブッダの時代には、ビックということばは仏教僧に限らず、他の苦行者にも用いられていたか、ブッダ自身がその用法に拘《こだわ》っていなかったということである。ビックは、字義どおりには「物乞い」で、ここではその意味で用いられているのかもしれない。しかし今日、ことにセイロン、ビルマ、タイ、カンボジア、そしてチッタゴンといったテーラワーダ仏教が信奉されている地域では、ビックは仏教僧だけを指すことばである。

自身の教えを求めてであったと知った。しかしブッダは自分の正体を明かさずに、こう言った。

「修行者よ、あなたに教えよう。注意して聴くがよい」

若者は、

「友よ、聴きましょう」

と承諾した。

そこでブッダは真理を説明する、もっとも素晴らしい教え（その要点はこの先、第四章「第三聖諦　ドゥッカの消滅」で述べる）を若者に授けた。

教えを授けられてから、若き隠遁修行者——名前はプックサーティといった——は、相手がブッダその人であることに気が付いた。そこで彼は立ち上がり、ブッダの御前に進みでて、師の足許に礼拝して、ブッダとは知らずに「友よ」[8]と呼びかけたことを謝罪した。彼はそこでブッダに入団の許しを乞うた。

ブッダは彼に「（必需品である）托鉢椀と衣の用意があるか」と訊いた。若者が「用意していません」と答えると、ブッダは「それでは入団は許されない」と言った。プックサーティは托鉢椀と衣を求めて出て行ったが、不幸にも牛に襲われて死亡した。[9]

後になってこの悲しい知らせを聞いたとき、ブッダはプックサーティは賢明で、すでにニルヴァーナを実現する直前の段階に達しており、死後アラハント(10)となり、その生涯を終えたあとは、再びこの世に生を受けることはないであろうと述べた」

この話から明らかなように、プックサーティがブッダのことばに耳を傾け、その教えを理解したとき、彼は相手が誰であるかを知らなかったし、誰の教えかを知らなかった。

(8)　原語は友だちを意味するアーヴソーである。これは対等な関係の者同士が互いに呼び合うときの丁寧語である。弟子がブッダに呼びかけるときには、このことばを用いてはならない。その場合は、「卿」「主」といった意味のバンデーということばを用いる。ブッダの時代、サンガの構成員はお互いに「アーヴソー(友)」と呼び合っていた。しかしブッダは亡くなる前に、年少僧は年長僧に対して、「バンデー(卿)」あるいは「アーヤスマー(尊者)」と呼ぶように定めた。逆に年長僧は年少僧を名前で呼ぶか、「アーヴソー(友)」と呼びかけねばならない。この慣習は、現在のサンガでも継承されている。

(9)　インドで牛が路上を歩き回っているのはよく知られている。この例からすると、これは古くからのことであったと思われる。しかし一般にこうした牛はおとなしくて危険ではない。

った。彼は真実を見たのである。薬が良ければ、病いは治る。薬を調合した人が誰であるか、薬がどこからもたらされたかを知る必要はないのである。

盲信を棄てる

ほとんどすべての宗教は、信仰——それもむしろ盲信といえるもの——に立脚している。しかし仏教で強調されているのは、「見ること」、知ること、理解することであり、信心あるいは信仰ではない。仏教経典には、一般に「信仰」あるいは「信心」と訳されるサッダー(サンスクリット語ではシュラッダー)という用語がある。しかしサッダーはいわゆる「信心」ではなく、むしろ確信から生まれる「信頼」というべきものである。とはいえ実際には、民衆レベルでの仏教でもまた仏典中の一般的用法でも、サッダーということばは、ブッダ、ダルマそしてサンガに対する一般的な意味での「信仰」的要素を含んでいることは事実として認めねばならない。

四世紀の偉大な仏教哲学者アサンガによれば、サッダーには、

(1)真理に対する全幅の、そして確固たる確信

(2)よい資質に対する本心からの喜び

(3)目標達成に対する熱望と意志

という三つの側面がある。

いずれにせよ仏教は、ほとんどの宗教において信仰あるいは信心といわれるものにはほとんど関知しない。

信仰は、ものごとが見えていない――「見える」ということばのすべての意味において――場合に生じるものである。ものごとが見えた瞬間、信仰はなくなる。もし私が「私は掌の中に宝石を隠しもっている」と言ったら、あなたはそれが見えない以上、私が言ったことが本当かどうか、私のことばを信じるかどうか、という問題が生じる。しかし、私が掌を開き宝石を見せれば、あなたはそれを自分で見ることになり、信じ

(10)　欲望、憎しみ、悪意、無知、傲慢、うぬぼれといった汚れや不純さから解放された人。ニルヴァーナに至る第四段階すなわち最終段階に達した人で、叡智、慈悲といった高貴な資質に満ちた人。〔訳注。漢訳仏典では阿羅漢《あらかん》〕プックサーティは、アナガーミ(後戻りしない人)と呼ばれる第三段階に達した人であった。第二段階はサカダーガーミ(一度後戻りする人)、第一段階はソーターパンナ(修行の過程に入った人)と呼ばれる。

るかどうかという問題は起こらない。それゆえに、古い経典には、こう記してある。

「掌の中の宝石(あるいはミロバラン〔訶梨勒《かりろく》〕の果実)を見るように、真実を見よ」

ブッダの弟子でムシーラという者が、一人の僧に言った。

「友サヴィッタよ、信仰、確信あるいは信心(11)からではなく、気乗りあるいは好みからではなく、評判あるいは伝統からではなく、表面的な理由からではなく、もろもろの意見を検討する喜びからではなく、私はものごとの生成の消滅がニルヴァーナであると知っており、それが見えている」

そしてブッダはこう言った。

「汚れと不純さの消滅は、ものごとを知り、ものごとが見える人にとってのみ可能なことであり、ものごとを知らず、ものごとが見えない人には不可能である」

常に問題なのは、知ることと見ることであり、信じることではない。ブッダの教えは、「エーヒ・パッシカ」、すなわち「来て、見るように」という誘いであり、「来て、信じるように」ということではない。

経典のいたるところで、真理の実現は「汚れることなく、錆びることがないダルマの目が生じた」、「彼はダルマを見、ダルマに到達し、疑念を乗り越え、ためらうことがない」、「彼は正しい叡智でもって、ものごとをありのままに見る」などと表現されている。ブッダは自らの「目覚め」に関して、「目が生まれ、知識が生まれ、叡智が生まれ、知性が生まれた」と述べている。肝心なのは、知識あるいは叡智を通じて見ることであり、信心を通じて信じることではない。

この仏教的態度は、正統バラモンたちが、自らの伝統と権威を唯一の真実と信じ込み、民衆にそれを受け入れるように容赦なく強要していた時代にあっては、とりわけ高く評価できることである。

盲目の人たちの系譜

次の逸話が、ブッダの態度をよく表わしている。

「あるとき、学識ある著名なバラモンの一団がブッダを訪れ、長時間にわたって討議した。バラモンの中で、格別に優秀だと認められていたカーパティカという一六歳の若者がブッダに尋ねた。

(11)　ここでは、サッダーということばが用いられているが、普通にいう「信心、信仰」の意味で用いられている。

「師ゴータマよ、私たちバラモンには、古《いにしえ》から途切れることなく口承されてきた聖典があります。それらに関して、私たちバラモンはこう断定できます。

〈これのみが真実であり、他はすべて偽りである〉

さて師ゴータマは、これに関していかがお考えですか」

ブッダが尋ねた。

「バラモンの中で、〈これのみが真実であり、他はすべて偽りである〉と自ら知り、見極めていると主張する人が一人でもいますか」

青年バラモンは正直に、

「いません」

と答えた。

「それなら、あなたがたバラモンの師、あるいは七代まで遡る師の師、さらには聖典の著者のうち一人でも、〈これのみが真実であり、他はすべて偽りである〉と自ら知り、見極めていると主張する人が一人でもいますか」

「いません」

「では、それは目が見えない者たちの系譜のようなものである。列の最初の者はものが見えておらず、列の中ほどの者も見えておらず、列の最後の者も見えていない。それゆえに、私にとってバラモンたちは、盲目の人たちの系譜にしか思えない」

そしてブッダは、バラモンたちにもっとも重要な助言を与えた。

「真実を保持する賢者が、〈これのみが真実であり、他はすべて偽りである〉と断定するのはふさわしくない」

青年バラモンが、真実を保持するとはどういうことかと尋ねたのに対して、ブッダはこう答えた。

「信仰のある人が、〈これは私の信仰です〉と述べる限りにおいて、彼は真実を保持している。しかし、そこから一歩進んで〈これのみが真実であり、他はすべて偽りである〉と断言することはできない。

言い換えれば、人は自分の好きなことを信じる権利があり、〈私はこう信じます〉と述べて差しさわりはない。その限りにおいて、彼は真実を尊重している。しかし自らの信心あるいは信仰から、自分が信じていることのみが真実で、他のすべては偽りであると主張することは許されない。

ある一つの見解に固執し、他の見解を見下すこと、賢者はそれを囚われと呼ぶ」

教えに固執しない

もう一つの逸話を紹介しよう。かつてブッダは弟子たちに因果の教えを説明し、弟子たちはそれをはっきりとわかり、理解したと答えた。そこでブッダが言った。

「弟子たちよ、この見解は純粋で明晰である。しかしあなたたちがそれに固執し、思い入れ、尊び、拘《こだわ》るならば、教えは流れを渡るために乗る筏《いかだ》に似たものであり、保有するものではない、ということを理解していない」

教えは流れを渡るために必要な筏のようなものであり、保持して背中に負い運ぶものではない、ということの有名な譬えを、ブッダはいたるところで説明している。

「弟子たちよ、ある人が旅の途中で大きな川に出くわしたとしよう。こちらの岸は危険であり、対岸は安全で危険がない。安全で危険がない対岸に渡る舟もなく、橋もない。そこで彼はこう思った。「この流れは大きく、こちらの岸は危険だ。対岸は安全で危険がない。渡るのに舟はなく、橋も架かっていない。草、木、枝、葉を集めて筏を作り、それに乗って手と足で漕ぎ、安全な対岸に渡ろう」と。

弟子たちよ、こうして彼は草、木、枝、葉を集めて筏を作り、それに乗って手と足を使って無事対岸に渡った。そして、こう思った。「この筏は大変役立った。そのおかげで、私は手と足を使って安全にこちらの岸に着いた。だから、これからは頭に載せるか、背負うかしてこの筏を持ち歩くことにしよう」

弟子たちよ、彼の筏に対する思いは正しいかどうか」

弟子たちは「正しくありません」と答えた。

「では弟子たちよ、どういう態度がふさわしいであろうか。もし彼が「この筏は大いに役立った。そのおかげで、私は手と足を使って安全にこちらの岸に辿り着けた。筏は浜に揚げるか、つなぎ止めて浮かしておき、私は先に進もう」と言ったらどうだろう。これこそが、正しい行ない、正しい態度である。

弟子たちよ、私の教えは筏と同じである。それは、流れを渡るためのもので、持ち歩くためのものではない。あなたがたは、私の教えは筏に似たものであると理解したならば、よき教えすら棄てなければならない。ましてや悪しき教えを棄てるのは、言うまでもないことである」

この譬えから明らかなように、ブッダの教えは人を安全、平安、幸せ、静逸、ニルヴァーナへと導くためのものである。ブッダが説いたすべての教えは、すべてこの目的のためである。

教えの実用性

ブッダは知的好奇心を満足させるために説いたのではない。ブッダは実践を教える師であり、人を平安と幸福に導く上で役立つ教えのみを説いた。

「あるときブッダは、コーサンビ（アラハバッド近郊）のシンサパーの森に滞在していた。彼は、木の葉を数枚手に取り、弟子たちに尋ねた。

「弟子たちよ、どう思うか。私の手の中にある木の葉と、森の中にある木の葉と、どちらが多いか」

「師よ、師の手の中にある木の葉は実に少なく、シンサパーの森の中の方が、ずっと多くの木の葉があります」

「弟子たちよ、それと同じく、私が教えたのは、私が知っていることの、ほんの一部に過ぎず、説かなかったことの方がはるかに多い。なぜ説かなかったかというと、それらはニルヴァーナに赴くのに役には立たないからである。それゆえに説かなかったのである」」

学者の中には、ブッダが知っていながら説かなかったことが何であったかを推測しようとする人がいるが、それは無駄な試みである。

形而上学的考察の不毛性

ブッダは、単なる推測にしか過ぎない想像上の不毛な形而上学的問題を論議する気はなかった。ブッダはそうしたテーマを「思想の荒野」と見なした。弟子の中には、ブッダのこうした態度を喜ばなかった者たちもいた。その一人であるマールンキャプッタは、よく知られた古典的形而上学的問題に関してブッダに質問し、回答を求めた。

「ある日、午後の瞑想を終えてから、マールンキャプッタはブッダの許へ行き、師に挨拶をして、その傍らに坐り尋ねた。

「師よ、私は瞑想中に、以下の疑問を抱きました。

(1)宇宙は永遠か、(2)否か、

(3)宇宙は有限か、(4)無限か、

(5)魂と肉体は同一か、(6)否か、

(7)ブッダは死後、存在するか、(8)否か、

(9)ブッダは死後、(同時に)存在もし、存在もしないか、

(10)それともブッダは死後、(同時に)存在もせず、存在しないこともしないか。[12]

しかしブッダは、私の疑問に答えて下さらず、なおざりにされます。私は、師の態度が意に満ちませんし、よいとは思いません。ブッダがこれらの問題を説明して下さるのなら、私は師の許で修行を続けます。説明していただけないのなら、私は別な師を求めて去ります。もし師が、宇宙は永遠である、とご存じなら、私にそう説明して下さい。もし師が、宇宙は永遠ではない、とご存じなら、そうおっしゃって下さい。もし師が、宇宙は永遠なのかそうでないのかをご存じないのなら、〈私は知らない、私にはわからない〉とはっきりとおっしゃって下さい」

マールンキャプッタに対して、ブッダは以下のように答えたが、この答えは形而上学的問題を前に、貴重な時間を無駄に費やし、不必要に心の静逸を乱している何百万という現代人にとってきわめて有益である。

「マールンキャプッタよ、私は今までに「私の許で修行をしなさい。こうした問題を説明してあげよう」と言ったことがあるか」

「師よ、ありません」

「ではマールンキャプッタよ、そなたは今までに「ブッダよ、私は師の許で修行をします。師よ、こうした問題を説明して下さい」と言ったことがあるか」

「師よ、ありません」

「マールンキャプッタよ、今でも私は「私の許で修行をしなさい。こうした問題を説明してあげよう」とは言わない。そなたも「ブッダよ、私は師の許で修行をします。師よ、こうした問題を説明して下さい」と私には言っていない。だとすれば、誰が誰を拒否するのか。

マールンキャプッタよ、もし誰かが「私は、ブッダがこうした問題を説明して下さらなければ、ブッダの許で修行しません」と言うならば、彼は問題を説明してもらえずに死ぬことになるだろう」

毒矢の譬え

「マールンキャプッタよ、ここに毒矢に射られた一人の人がいるとしよう。そのと

(12)〔訳注〕(9)、(10)は肯定・否定が同時に成立する、一般の論理上はありえないことであり、インド的な思弁法。

き、彼の友だちや親族が、急いで彼を医者の許に連れて行った。ところが彼が「私を射ったのは誰か？　カーストは何で、何という名前で、どんな家系で、身長はどれくらいか？　どんな弓と弦で射ったのか、矢羽根、矢尻はどんなものか？　それがわからない間は、この矢を抜いてはならない」と言い張ったら、どうなるだろう。彼はその答えを得る前に死んでしまうだろう。

マールンキャプッタよ、それと同じく、もしある人が「私は、ブッダが宇宙は永遠か否か、といった問題を説明して下さるまでは、ブッダの許で修行しません」と言ったら、彼は問題の解決を得る前に死ぬであろう」

そこでブッダはマールンキャプッタに、そうした問題は修行とは無関係であることを説明した。

「宇宙が有限であるか無限であるかという問題にかかわらず、人生には病、老い、死、悲しみ、愁い、痛み、失望といった苦しみがある。私が教えているのは、この生における そうした苦しみの「消滅」である。

それゆえにマールンキャプッタよ、私が説明したことは説明されたこととして、説明しなかったことは説明されなかったこととして受け止めるがよい。

マールンキャプッタよ、私は、宇宙が有限か無限か、といった問題は説明しなかった。マールンキャプッタよ、私がなぜ説明しなかったのかというと、それは無益であり、修行に関わる本質的問題ではなく、人生における苦しみの消滅に繋がらないからである。それゆえに私は説明しなかったのである」

四聖諦

「ではマールンキャプッタよ、私は何を説明したのか。私は、

(1)ドゥッカの本質
(2)ドゥッカの生起
(3)ドゥッカの消滅
(4)ドゥッカの消滅に至る道[13]

を説明した。マールンキャプッタよ、私がなぜ説明したのかというと、それは有益であり、修行に本質的に関わる問題であり、人生における苦しみの消滅に繋がるから

(13)　続く四章〔第二章から第五章〕で扱われる。

である。私はそれゆえに説明したのである(14)」

次の章からは、ブッダが説いたこの四つの聖なる真実〔四聖諦《ししょうたい》〕を検討していくことにしよう。

(14) ブッダのこの助言は功を奏したようである。なぜなら別の箇所で、マールンキャプッタは改めてブッダの教えを乞い、アラハントになったと記されているからである。

第二章　第一聖諦 ドゥッカ(1)の本質

仏教の真髄は、ブッダがベナレスの近くのイシパタナで、かつての苦行仲間五人に対して行なった最初の説法〔初転法輪〕で説いた四つの真理〔四聖諦《ししょうたい》〕である。古い経典に記されているこの説法では、これら四つの真理は非常に簡潔である。しかし初期の仏教経典のいたるところで、四つの真理は繰り返し、さまざまなかたちで説かれている。それゆえに、こうした古い経典の説明に準拠することによって、四つの真理を明確に、正確に、理解することができる。

四つの真理とは、

(1)ドゥッカの本質

(2)ドゥッカの生起

（1）　この先に述べる理由から、私はこのことばに英語の訳語を当てたくはない。

(3)ドゥッカの消滅
(4)ドゥッカの消滅に至る道

である。

第一の真理　ドゥッカの本質

最初の真理は一般的に「ドゥッカの本質」と訳されており、仏教においては「人生はドゥッカ(苦しみ)、痛みに他ならない」と解釈されている。しかしこの訳も、そしてこの解釈も、どちらも極めて不十分で、誤解を招くものである。事実、この原語〔ドゥッカ〕の意味を部分的にしか伝えない、不適切で、安易な訳語と、その表面的解釈が、多くの人に仏教は厭世的だという誤ったイメージをもたせることになった。

仏教は現実主義

まず最初にはっきりと言えることは、仏教は悲観主義でも楽観主義でもなく、しいていえば、生命を、そして世界をあるがままに捉える現実主義である。仏教はものごとを客観的に眺め、分析し、理解する。仏教は誤って人びとに人生は楽園であると思い込ませたり、ありとあらゆる想像上の不安や罪の意識をかき立てて、恐がらせたり苦悶させたりしない。仏教は人間と世界のあるがままを正確に、客観的に説き、完全な自由、平安、静逸、幸福への道を示すものである。

ブッダは科学的な医者

ブッダを医者に譬えてみよう。

一人の医者は、病人の病気をことさら誇張し、治療を完全に諦めてしまう。もう一人の医者は無知ゆえに、病気などなく、治療は不必要と診断し、患者を誤って安心させる。

前者は悲観的で、後者は楽観的と言えるかもしれない。だが、両者とも危険である。三人目の医者は、病気の兆候を正しく診断し、原因と性質を理解し、治癒できるとはっきり認識したならば、勇気をもって一連の治療を施し、病人を救う。ブッダはこの最後の医者に似ている。ブッダは、人類の病いに対する賢明にして科学的な医者である。

ドゥッカ

パーリ語（およびサンスクリット語）のドゥッカは、一般的には苦しみ、痛み、悲しみあるいは惨めさを意味し、幸福、快適、あるいは安楽を意味するスカの反対語である。しかし、四つの真理のうちの第一の真理の場合のドゥッカは、ブッダの人生観、世界観を表わしており、より深い哲学的な意味合いがあり、はるかに広い意味で用いられている。確かに第一の真理のドゥッカには、普通の意味での苦しみも含まれているが、それに加えて不完全さ、無常、空しさ、実質のなさといったさらに深い意味がある。それゆえに、第一の真理に用いられているドゥッカが含むすべての概念を一語で表わすのは難しい。そうである以上、ドゥッカを苦しみ、痛みといった、便利ではあるが、不十分で誤解を招く訳語に置き換えないほうがいいだろう。

人生には苦しみがあるが、幸せも否定できない

ブッダが、「人生には苦しみがある」と言うとき、彼はけっして人生における幸せを否定しているわけではない。逆にブッダは、俗人にとっても僧侶にとってもさまざまな精神的、物質的幸せがあることを認めている。ブッダの教説をまとめたパーリ語

の五部経典の一つである増支部《ぞうしぶ》経典の中には、家族生活の幸せや隠遁生活の幸せ、感覚的喜びによる幸せやその放棄による幸せ、執着による幸せや無執着による幸せといった、さまざまな肉体的、精神的幸せが列挙されている。しかしそれらはすべてドゥッカに含まれる。さらには、高度な瞑想によって得られる、普通の意味での苦しみの片鱗すらない、非常に純粋な精神的次元も、またまぎれもない幸せとされる次元も、心地よさあるいは不快さといった感覚を超越し、純粋に沈静した意識の次元も、すべてはドゥッカに含まれる。同じく五部経典の一つである中部経典の一つのスッタ〔経〕では、瞑想の精神的幸せを賞賛したあと、ブッダは、

「それらは無常で、ドゥッカで、移ろうものである」

と述べている。ここで注意しなければならないのは、ことさらドゥッカという用語が使われていることである。普通の意味での苦しみがあるからドゥッカなのではなく、「無常なるものはすべてドゥッカである」からドゥッカなのである。

感覚的享楽

ブッダは現実的であり、客観的である。彼は人生および感覚的享楽に関して、

⑴魅惑あるいは享楽
⑵悪い結果、危険あるいは不満足
⑶自由あるいは解放

の三点をはっきりと理解しなくてはならないと言っている。

⑴感じがよく、チャーミングで美しい人を目にすると、あなたは彼（あるいは彼女）を好きになり、惹かれ、その人と何度も何度も会いたくなり、会うことが喜びとなり楽しみとなる。これは魅惑、享楽であり、誰しも体験するものである。

⑵しかしこの彼（彼女）の魅力も永遠ではなく、この享楽も永遠ではない。状況が変わり、その人に会えなくなると、あなたは享楽が奪われたと感じ、悲しくなり、理性を失い、不安定になり、愚かな振舞さえする。これが、悪い、満足できない、危険な側面である。これも、誰もが体験することである。

⑶もしもあなたがその人に執着せず、完全に超越できれば、それが自由であり解放である。

この三点は、人生におけるすべての享楽に共通している。

以上から明らかなように、仏教が説くのは、悲観主義でも楽観主義でもなく、人生の享楽を、その痛みと悲しみ、そしてそれらからの解放をも含めて完全に、客観的に理解しなければならない、ということである。そうすることにより、初めて本当の自由が可能となる。このことに関して、ブッダはこう述べている。

「弟子たちよ、もし修行者あるいはバラモンが感覚的喜びによる享楽を享楽として、自らの意が満たされないことを意が満たされないこととして、そうしたことからの解放を解放として客観的に理解しなければ、彼ら自身が感覚的喜びによる欲望を完全に理解し、他の人を教え、感覚的喜びによる欲望を完全に理解させせることは不可能である。

弟子たちよ、もし修行者あるいはバラモンが感覚的喜びによる享楽を享楽として、自らの意が満たされないことを意が満たされないこととして、そうしたことからの解放を解放として客観的に理解したならば、そのとき初めて、彼ら自身が感覚的喜びによる欲望をはっきりと理解し、他の人を教え、感覚的喜びによる欲望を完全に理解させることが可能である」

ドゥッカの三面

ドゥッカの概念は、
(1)普通の意味での苦しみ
(2)ものごとの移ろいによる苦しみ
(3)条件付けられた生起としての苦しみ
の三面から考察することができる。

老い、病い、死、嫌な人やものごととの出会い、愛しい人や楽しいこととの別れ、欲しい物が入手できないこと、悲痛、悲嘆、心痛といった、人生におけるあらゆる種類の苦しみは、普通の意味での苦しみである。

人生における幸福感、幸せな境遇は、永遠ではなく、永続しない。それらは、遅かれ早かれ移ろう。そしてものごとが移ろうときに、痛み、苦しみ、不幸が生じる。この浮き沈みは、移ろいによって生じる苦しみとしてドゥッカに含まれる。

以上の二種類の苦しみは容易に理解でき、誰にも異論がないだろう。第一の真理である「ドゥッカの本質」のこの点は容易に理解できるので、一般によく知られている。それは、誰しもが日常生活で体験することである。

「条件付けられた生起(2)」としての苦しみ

しかし、第三の「条件付けられた生起」としての苦しみという面こそが、「ドゥッカの本質」のもっとも重要な哲学的側面であり、それを理解するのには、一般に存在、個人あるいは「私」とされているものを分析してみる必要がある。

仏教的観点からすれば、私たちが一般に存在、個人あるいは「私」と見なしているものは、たえず移ろい変化する肉体的、精神的エネルギーの結合にしか過ぎず、それらは五集合要素から構成されている。そしてブッダは、

「これら執着の五集合要素はドゥッカである」

と述べている。また他の箇所では、「ドゥッカとは五集合要素である」とはっきりと定義している。

「弟子たちよ、ドゥッカとは何か。それは執着の五集合要素である」

(2)〔訳注〕漢訳仏典では「縁起《えんぎ》」。本訳書では、現在の日本語の縁起ということばに付随している概念を抜きに、著者の論考を明らかにするために、あえてこのことばを用いなかった。

ドゥッカと五集合要素は二つの異なるものではなく、五集合要素そのものがドゥッカである、とはっきり理解する必要がある。いわゆる「存在」を構成する五集合要素をよりよく理解すれば、この点がわかってくるので、まずは五集合要素を説明しよう。

五集合要素

(1) 物質　最初は、物質(ルーパ)という集合要素である。この物質という集合要素には、伝統的な四大要素すなわち固体、液体、熱、運動と、四大要素からの派生物が含まれる。四大要素からの派生物には、いわゆる五器官、すなわち目、耳、鼻、舌そして身体と、それらが感知する対象、すなわち色かたち、音、匂い、味、物があり、加えて心の感知対象となる思い、考え、概念などが含まれる。こうして、内的、外的物質の領域は、物質という集合要素に含まれる。

(2) 感覚　次は感覚(ヴェーダナー)という集合要素である。この中には、人間が外の世界との肉体的、心的接触によって体験する快適な、あるいは不快な、そしてそのどちらでもない感覚のすべてが含まれる。それは以下の六種類に分類される。

①目が色かたちと接触することによって経験される感覚〔視覚〕
②耳が音と接触して経験される感覚〔聴覚〕
③鼻が匂いと接触して経験される感覚〔嗅覚〕
④舌が味と接触して経験される感覚〔味覚〕
⑤身体が物と接触して経験される感覚〔触覚〕
⑥心が感知対象、思いや考えと接触して経験される感覚（仏教でいう第六感）

私たちの肉体的、心的なすべての感覚は、この中に含まれる。

ここで、仏教にとっての「心」について一言説明しておくのは有益であろう。心は、物質に対する精神ではない。他のほとんどの哲学や宗教は、物質に対する精神というものを認識するが、仏教はけっしてそうではない。心は、目や耳といった機能あるいは器官にしか過ぎない。それは、他の機能と同様に、制御し発達させることができる。ブッダは頻繁にこの六機能を制御し、訓練することとの大切さを述べている。

機能としての目と心の違いは、前者は色かたちを感知するが、後者はアイデアや考え、心的な事象を感知する。感覚ごとに感知する領域が異なっている。すなわち、私たちは色を聞くことはできないが、見ることはできる。同様に、音を見ることはできないが、聞くことはできる。こうして、私たちは肉体的器官――目、耳、鼻、舌、身体――でもって、各々色かたち、音、匂い、味、そして接触できる物だけを体験する。しかし、これらは世界の一部にしか過ぎず、世界のすべてではない。アイデアや考えはどうだろうか。それらも同じく世界の一部である。しかし、それらは感覚的に捉えることができない。すなわち、目、耳、鼻、舌、あるいは身体では認識できない。しかし、それは心という、もう一つ別な器官、機能で感知される。

アイデアや考えは、これら五つの肉体的器官で体験されるものから独立してはいない。実際には、それらは肉体的体験に依存し、条件付けられている。それゆえに、生まれつき目の見えない人は、目以外の機能によって体験できるものを通じてさまざまなものを知ることはできるが、色の概念をもつことはできない。アイデアや考えは、世界の一部ではあるが肉体的体験によって生じ、条件付けられており、心によって感知される。それゆえに、心は、目や耳と同じように、感覚機能、器官とみなされる。

(3) 識別　次は識別(サンニャー)という集合要素である。感覚と同じく、識別も、六種類の内的機能とそれらに対応する外的対象に分類される。感覚と同じく、識別も、六機能が外的世界と接触することにより生起する。肉体的なものであれ、心的なものであれ、ものごとを感知するのは識別である。

(4)意志　四番目が意志(サムカーラ)[3]という集合要素である。善悪にかかわらず、すべての意図的行為が含まれる。

ここで、ブッダによるカルマの定義を思い浮かべねばならない。

「弟子たちよ、私がカルマと呼ぶのは、意図(チェータナー)である。意図があって、人は身体、口、心で行動する」

意図とは、「心的構築、心的行為」で、その役割は、善悪、あるいはそのどちらでもない行為の領域で、心に指示を与えることである。感覚および識別と同じく、意図にも、内的機能と、それらに対応する(肉体的、心的)外的対象とに関連して六種類ある。感覚と識別は、意図的行為ではない。だから、感覚と識別は、カルマの結果を生

(3)　五集合要素中のサムカーラには多くの意味があるが、一般的には意志と訳される。他の文脈では、世界に存在するあらゆる条件付けられたものを指すので、このことばだけで五集合要素すべてを含むといってもいい。

じない。注意力、意志、信念、自信、集中力、叡智、エネルギー、欲望、嫌悪や憎しみ、無知、うぬぼれ、自我意識といった意図的行為だけが、カルマの結果を生む。こうした心的働きは全部で五二あり、これらが意志という集合要素を構成している。

(5)意識　最後が意識（ヴィッニャーナ）[4]という集合要素である。意識は、六つの機能（目、耳、鼻、舌、身体、心）のうち、どれか一つを基礎とし、それらに対応する六つの外的対象（色かたち、音、匂い、味、接触できる物、心的対象すなわちアイデアや考え）のどれか一つに対する反応あるいは返答である。たとえば視覚意識は目を基礎とし、見える色かたちを対象としている。心的意識は、心を基礎とし、心的対象すなわちアイデアや考えなどを対象としている。それゆえに、意識は他の機能と関連している。こうして意識も、感覚、識別、意志と同じく、内的機能とそれに対応する外的対象に従って六種類に分けられる。

意識は対象を認知しない、という点をはっきり理解せねばならない。それは、対象が存在するということに気付く、感知の一種に過ぎない。目が色——たとえば青——と接触すると、視覚意識が生じるが、それは単に色がそこに存在するということに気付くだけで、青であるとは認知しない。それが青であると認知するのは、識別作用(三番目の集合要素)である。「視覚意識」は、一般にいう「見る」ということを意味する哲学用語である。「見る」ことは、識別することではない。他(聴覚、嗅覚、味覚、触覚)の意識に関しても同様である。

意識は物質と対立したものではない

ここで繰り返し述べておきたいのは、仏教哲学では、(1)一般に(西洋で)「自己」「魂」あるいは「自我」と見なされている、物質に対するものとしての、永続的、不変の精神は存在しない。(2)意識は、物質と対立関係にある精神と見なされるべきではない。と考えられている点であり、これはことに強調されるべきである。というのは、意

(4) マハーヤーナ(大乗仏教)では、意識という集合要素には、チッタ、マナス、ヴィジュニャーナの三面があり、アーラヤ・ヴィジュニャーナ(一般には「意識の蔵」と訳される)もこの集合要素に含まれる。このテーマに関する詳細な比較研究は、別の本で行なう予定である。〔訳注。この本は、訳者の知る限り刊行されていない〕

識は一種の「自己」あるいは「魂」という、生涯を通じて不変なものであるという誤った考えが、仏教の最初期から現在に至るまで、根強く残っているからである。

サーティという、ブッダの弟子の一人が、「ブッダは「同じ意識が輪廻しさまよう」とお教えになられました」と述べた。そこでブッダは、サーティが「意識」をどう理解しているのかを質した。サーティは「意識とは、善悪の行ないの結果を表現し、感じ、体験するものである」と答えたが、これは古典的な考えである。

師はそれを諫めた。

「私がそんな教えを説いたのを耳にしたという愚かな弟子がいるか？　私は「意識は条件から生起し、条件のないところに意識は生起しない」と繰り返し、さまざまな方法で説かなかったか？」

師は続けた。

「意識は、生起する条件によって、命名される。目と色かたちによって生起する意識は、視覚意識と名付けられる。耳と音によって生起する意識は、聴覚意識と名付けられる。鼻と匂いによって生起する意識は、嗅覚意識と名付けられる。舌と味によって生起する意識は、味覚意識と名付けられる。身体と接触感知対象によって生起する意識は、触覚意識と名付けられる。心と〔心的〕感知対象によって生起する意識は、心的意識と名付けられる」

火の譬え

ブッダは、さらに譬えによって説明した。火は、燃える材料によって命名される。薪《まき》が燃えて生まれる火は、薪火と命名される。藁《わら》が燃えて生まれる火は、藁火と命名される。それと同じく、意識もその由来となる条件によって命名される。

この点に関して、偉大な注釈者ブッダゴーサ[5]は、こう説明している。

「薪が燃えて生じる薪火は、薪がある限り燃えるが、薪がなくなった瞬間に消える。なぜなら条件がなくなったからである。薪火は、破片などに燃え移り、〔薪火として〕燃え続けることはない。

それと同じく、目と色かたちによって生起する意識は、目、色かたち、光、注意な

(5) 〔訳注〕インドに生まれ、セイロンに渡った五世紀の学僧。漢訳仏典では仏音《ぶっとん》。

どの条件が揃って初めて生起するのであって、条件が揃わず、なくなれば、即座に消える」

ブッダは、意識は物質、感覚、識別、意志に依存しているのであって、それらから独立しては存在しえない、と明白に述べている。

「意識は、物質を手段とし、物質を対象とし、物質に依拠して生起し、喜びを求めて成長し、増大し、発展する。物質の代わりに、感覚、認識、意志に関しても同様である。

ある人が、「物質、感覚、識別、意志と無関係に、意識が生起し、去来し、成長し、増大し、発展するのをお見せしよう」と言ったとしたら、彼は何か実在しないもののことを語っているのである」

すべては移ろう

要するに、存在するのは五つの集合要素である。私たちが存在、個人あるいは「私」と呼んでいるのは、この五つの集合要素の結合に対する便宜上の名称に過ぎない。それらはすべて無常であり、絶えず移ろうものである。「無常なものはすべてドゥッカである」というのが、「要するに、執着の五集合要素はドゥッカである」というブッダのことばの真意である。二つの連続する瞬間を通じて、同一であり続けるものは何一つとしてない。すべては、一瞬ごとに生起し、一瞬ごとに消滅し、流転を続けている。ブッダはラッタパーラにこう言っている。

「バラモンよ、それはあたかも、すべてを流し去り、遠くまで流れゆく山間の急流のようなものである。流れが止むことは、一瞬、一時、一秒たりともない。流れ続けるだけである。

バラモンよ、人の命はこの山間の流れのようなものである。世界は絶えず流動し、無常である」(6)

因果律に従って、一つのものが消滅し、それが次のものの生起を条件付ける。その

(6)　ブッダは、この見解をアラカという名の、欲望から解放された古《いにしえ》の師に帰している。〔ギリシャの思想家〕ヘラクレイトス〔紀元前五世紀〔訳注。最新の研究では、紀元前五四〇年頃－四八〇年頃とされる〕〕は、万物は流転すると考え、「人は同じ河に二度と入ることはできない。なぜなら、その水はたえず新しいから」という有名なことばを残しているが、両者を比較してみるのは興味深いことである。

過程で、変わらないものは何一つとしてない。そのなかで、持続的「自己」、「個人」、あるいは「私」と呼べるようなものは存在しない。(7) 物質、感覚、識別、意志、意識の中で、一つとして本当に「私」と呼びうるものがないというのは、誰もが合意するであろう。ところが、相互に依存し合うこれら五つの肉体的・心的集合要素が、肉体的・心的機械(8)として結合して機能するとき、「私」という概念が生まれる。しかし、それは間違った考えであり、四番目の集合要素の意志の項で言及した五二の意図的行為の一つに過ぎない。

苦しみは存在するが、苦しむ主体は存在しない

一般に「存在」と呼ばれる、この五つの集合要素の全体はドゥッカそのものである。ドゥッカを体験するこれら五集合要素の背後には、「存在」も「私」もない。ブッダゴーサはこう述べている。

「苦しみは存在するが、苦しむ主体は存在しない。
行為は存在するが、行為主体は存在しない」

移ろいの背後に、自らは移ろうことがない移ろいの主体はいない。ただ単に移ろい

があるだけである。人生は移ろうというのは間違っていて、人生は移ろいそのものである。人生と移ろいは二つの異なったものではない。言い換えれば、思考の背後に思考者はいない。思考そのものが思考者である。仮に思考を取り除いてみても、その背後に思考者は見出せない。仏教的思考は、デカルト(9)の「われ思う。ゆえにわれあり」という立場とはまっこうから対立するものであることがわかる。

生命には始まりも終わりもない

さてここで、生命には始まりがあるかどうかという問題を検討してみよう。ブッダの教えによれば、生きものの生命の始まりは考えられない。「神」による生命の創造を信じる人たちにとって、この答えは信じられないであろう。しかしもし「神の信者」に「神の始まりは何か?」と尋ねたら、彼はためらうことなく「神に始まりはない」と答え、自分の答えに驚きはしない。

（7） アナッタ「無我」に関しては第六章を参照。
（8） 事実ブッダゴーサは、存在を「木製の機械」に譬えている。
（9） 〔訳注〕フランス生まれの哲学者。一五九六—一六五〇。

ブッダはこう言っている。

「弟子たちよ、この輪廻の周期には目に見える終わりがない。そして、この無知に包まれ、渇望の足枷に束縛された彷徨も、いつから始まったのかわからない」

輪廻の最大の原因である無知に関して、ブッダはさらにこう述べている。

「無知の始まりは、この時点以前には無知はなかったというように理解されるものではない」

そうしてみると、この時点以前には生命はなかったということは不可能である。

突き詰めると、これがドゥッカの真理の意味である。この第一の真理を明確に理解することは、非常に大切である。なぜなら、ブッダが言っているように、

「ドゥッカを見るものは、ドゥッカの生起を見、ドゥッカの消滅を見、ドゥッカの消滅に至る道を見る」

からである。

仏教徒は幸せ

ここから言えることは、仏教徒にとって人生はけっして憂鬱《ゆううつ》なものでも、悲痛なも

のでもない。ある人たちがそう思っているのは、誤解である。実際はその逆で、本当の仏教徒ほど幸せな存在はない。仏教徒には、恐れも不安もない。仏教徒は、ものごとをあるがままに見るがゆえに、どんなときでも穏やかで、安らかで、変化や災害によって動揺し、うろたえることがない。ブッダが、憂鬱、あるいは沈鬱《ちんうつ》だったことはけっしてない。同時代人も「ブッダはたえず微笑みを湛えていた」と伝えている。仏教絵画や彫刻でも、ブッダはいつも幸せで、静逸で、充足し、慈しみ深く表現されており、苦しみ、不安、苦痛の片鱗さえも窺えない。(10) 仏教芸術、建築、寺院には、陰鬱、悲嘆といった趣がなく、いつも平安で静逸な雰囲気が醸し出されている。

確かに人生には苦しみがあるが、仏教徒はそれに対して陰鬱になったり、立腹したり、いらだってはならない。仏教的観点からして、人生における主要な悪の一つは、嫌悪あるいは憎しみである。嫌悪は「他の生きものに対する悪意、苦しみおよび苦し

(10)　ガンダーラおよび中国の福建でつくられた各々一体の仏像では、ゴータマは肋骨が露わになり憔悴《しょうすい》した苦行者の姿をしている。これは、彼が「目覚め」に至る前に、激しい苦行を行なっていたときのものであり、ブッダとなってからの彼はこうした苦行を弾劾した。

みに対する邪《よこしま》な気持ちであり、不幸および悪事を生む原因になる」と定義されている。それゆえに、苦しみに対していらだつことは間違っている。苦しみに対していらだったり、立腹しても、苦しみはなくならない。その逆に、さらに問題をふやし、すでに不愉快な状況をいっそう深刻なものにし、悪化させる。必要なのは、怒ったりいらだったりすることではなく、苦しみという問題を正しく理解することである。苦しみがいかに生起し、それをいかにして取り除くかを見極め、辛抱強く、賢く、決意をもって、努力することである。

初期の仏教経典に『テーラガーター〔仏弟子の告白〕』と『テーリーガーター〔尼僧の告白〕』という二つの作品があるが、それらはブッダの教えによって人生に平安と幸福を見出した男性・女性の弟子たちによる、その喜びの表現をまとめたものである。コーサラ国王はかつてブッダに向かって、他の教師の弟子たちが憔悴し、粗野で、血の気がなく、やせ細り、魅力がないのとは違い、ブッダの弟子たちは「楽しく元気で喜びに沸き、意気揚々として精神生活を喜び、健やかで、不安がなく、落ち着き、心安らかで、「鹿の心」で生きている、すなわち心軽やかである」と述べた。王はさらに、「こうした尊敬すべき弟子たちが心健やかにいるのは、必ずやブッダの偉大なる教えの精髄を理解したがゆえであると思う」と述べている。

仏教は、心が陰鬱で、沈痛で、後悔しているような重苦しい態度は真理の実現にとっての障害と見なし、その対極の立場を採る。仏教では、喜びはニルヴァーナの実現のために養育すべき必須な七つの資質、すなわち「目覚めの七要素」[11]の一つと見なされているが、これはけっして偶然ではなく興味深い。

（11）〔訳注〕第七章一六二―一六三頁参照。

第三章　第二聖諦 ドゥッカの生起

四聖諦《ししょうたい》の第二は「ドゥッカの生起」である。数多くのテクストに見られる、もっとも一般的でよく知られた定義は、以下の通りである。

渇　望

「この渇望、すなわち、
(1)感覚的喜びに対する渇望
(2)生存に対する渇望
(3)非生存に対する渇望
が、再生存、再生成を生み、貪欲と結びついて次から次へと新たな喜びを見出す」

さまざまなかたちをとって現われるこの「渇望」、欲求、貪欲、飢えが、すべての苦しみと存在の継続を生起する。しかし、これが絶対的主因であると見なしてはならない。というのは、仏教ではすべてが相対的、相互依存的であり、絶対的主因などはありえない。この渇望は、ドゥッカの原因、起源と見なされるが、他の何かに依存して生起する。それは感知であり、感知はまた接触によって生起する。さらに接触はまた……と続き、この輪が、あと〔第六章〕で述べる「条件付けられた生起」である。

それゆえに、渇望はドゥッカの生起の第一の、あるいは唯一の原因ではない。しかしそれはもっとも明白な直接的原因であり、主因あるいは支配的要因である。それゆえに、いくつかのパーリ語原典におけるドゥッカの生起の定義には、渇望が第一に挙げられているが、それ以外の汚れたもの、不浄なものも記されている。ここでは紙幅の制約から、この渇望は、主として無知から来る誤った自己の考えに起因していると述べるだけで十分である。

ここでいう渇望は、単に感覚的喜び、富、権力に対する欲望、あるいは執着を指すだけではなく、アイデア、考え、意見、理論、概念、信仰に対する欲望、あるいは執着を意味する。ブッダの分析によれば、この世における問題や係争は、家庭内の小さな個人的喧嘩から、国家間の大戦争に至るまで、すべては利己的な渇望から生じる。この観点からすれば、経済的、政治的、社会的問題はすべて、この利己的な渇望に根付いている。国際間の係争の解決や戦争と平和に関して、経済的、政治的な事柄だけを問題にする政治家は、表面的であり、問題の核心に深く踏み込めない。ブッダはラッタパーラにこう説いている。

「世界は物資に欠乏し、物資を欲しがり、渇望の奴隷と化している」

世界の諸悪の根源は利己的な欲望であることは誰しも認めるところである。これは容易に理解できる。しかし、どのようにしてこの渇望が、再生存と再生成を生み出すかを把握するのは容易ではない。それゆえに、ここで第一聖諦の哲学的側面に対応する第二聖諦のより深い哲学的側面を掘り下げる必要がある。それにはカルマと再生の理論をあらかじめ理解しておかねばならない。

生存および生存の継続

生存および生存の継続には、原因あるいは条件という意味で四つの「栄養素」がある。

(1)普通の物質的食べ物

(2)(心を含めた)感覚器官と外的世界との接触

(3)意識

(4)心的意図あるいは意志

である。

このうちの最後の心的意図が、生き、存在し、再存在し、継続し、増大しようとする意志[1]である。それが、善悪の行為を行なうことにより、存在、継続の根源を生み出す。それが意図である。先に見たように、ブッダ自身「意図はカルマである」と定義している。今しがた触れた心的意図に関して、ブッダは「心的意図の栄養素を理解すれば、渇望の三つのかたちが理解できる」と述べている。こうして、渇望、意図、心的意図、カルマは同一のものを指している。それは、欲望であり、生存し、存在し、再存在し、増大し、一層蓄積しようという意志である。これが、ドゥッカの生起の原因であり、存在を構成する五集合要素の一つである意志のうちに含まれる。

ドゥッカの原因はドゥッカの中にある

今述べたことがブッダの教えの中で、もっとも重要で必須の点である。それゆえに、ドゥッカの原因、芽は、ドゥッカ自身の中にあり、外にあるのではないということを、はっきりと、注意深く理解し、認識しなければならない。同様に、ドゥッカの消滅、破壊の原因、芽も同じくドゥッカのうちにあり、外にあるのではない、ということをよく認識する必要がある。これが「生起する性質のものは、消滅する性質のものである」という、有名なパーリ語定言の意味である。存在、ものごと、システムは、うちに生起の性質をもっていれば、同様にそのうちに消滅、破壊の原因、芽ももっている。こうしてドゥッカ（すなわち五集合要素）は、自らのうちに生起の性質をもっており、同じく自らのうちに消滅の性質をもっている。この点は、第三聖諦の章〔第四章〕で再度取り上げよう。

カルマは意図的行為

カルマ（サンスクリット語。パーリ語ではカッマ）は、行為、行ないを意味する。しかし仏教のカルマの理論では、カルマには特別な意味がある。それは、すべての行為を指すものではなく、意図的行為のみを指す。また多くの人は、カルマをその結果〔傍点

（1）〔訳注〕ドイツの哲学者ショーペンハウエル（一七八八―一八六〇）の「生きんとする意志」に通じるものである。

は訳者による〕を意味することばとして用いているが、それは誤りである。仏教ではカルマは、けっしてその結果を意味しない。カルマの結果は、カルマの果実あるいは結実として〔カルマそのものとは区別して〕認識される。

意図は、欲望と同じく、比較的善い場合もあれば、悪い場合もある。それゆえに、カルマも比較的善い場合もあれば、悪い場合もある。善いカルマは善い結果を生み、悪いカルマは悪い結果を生む。渇望、意図、カルマは、善いものであれ悪いものであれ、その結実として一つの力をもつ。善い方向であれ、悪い方向であれ、継続する力である。善悪というのは相対的なものであり、輪廻の中において言われることである。アラハントは行為をなすが、カルマを集積しない。なぜなら、彼は自己という誤った概念、継続、生成への渇望、他の汚れから解き放たれているからである。彼は再び生を受けることはない。

カルマの理論は、いわゆる道徳的正義、賞罰と混同してはならない。道徳的正義、賞罰という考えは、掟《おきて》を定め、裁きを主宰し、善悪を決定する至高存在、神という概念を前提としている。正義ということばは曖昧で、危険である。正義の名において、人類には善よりも害の方が多くなされる。カルマの理論は、原因と影響、行為と反応の理論である。それは自然法であり、正義、賞罰という考えとは関係ない。すべての意図的行為は、その結果、結実を生み出す。善い行為が善い結果を、悪い行為が悪い結果を生み出すとしても、それは誰かによって、あるいは判断を下す何らかの権力によって、あなたの行為に対して決定される正義でも、報賞でも、処罰でもない。それは、行為自体の性質、道理のせいである。このことは容易に理解できる。理解しにくいのは、カルマの理論によれば意図的行為の結果が死後の生においても現れ続けるという点である。ここで、仏教における死を説明する必要がある。

生と死

先に、存在とは、肉体的、心的なさまざまな力あるいはエネルギーのコンビネーションに過ぎないと述べた。死とは、肉体的身体の全体的機能停止である。身体が機能停止すると、これらの力やエネルギーは完全に停まってしまうのだろうか。仏教ではそう考えない。意志、意図、欲望、存在し、継続し、増大しようという渇望は、すべての命、すべての存在、全宇宙を動かす途方もない力である。これは、世界でもっとも大きな力であり、もっとも大きなエネルギーである。仏教は、この力が身体の機能停止すなわち死によって停まるとは考えない。それは、別のかたちで現われ続け、再存在、再生を生み出す。

ここで、もう一つ疑問が生まれる。自己あるいは魂といった永続的、不変的実体あるいは実質がないとすれば、死後に何が再び存在し、再び生まれるのか。しかし死後の世界を論じる前に、この生が何で、今いかにして継続しているかを検討してみよう。

私たちが生と呼ぶものは、繰り返し述べてきたように、肉体的、心的エネルギーのコンビネーション、五集合要素のコンビネーションである。これらは絶えず変化しており、連続する二つの瞬間において同一のままであることはない。毎瞬間、生まれ、死ぬ。

「弟子たちよ、集合要素が生起し、朽ち、死ぬとき、あなたがたは生まれ、朽ち、死ぬ」

こうして、この今の生においても、各瞬間ごとに私たちは生まれて死んでいるが、それでも私たちは継続する。自己とか魂といった永続的、不変的実体なしで、私たちが今この生を継続しているということが理解できたなら、こうした力が、身体の機能が停止したあとも、あとに残された自己や魂なしで継続できる、ということが理解できるだろう。

死後のエネルギーの継続

この肉体的身体が機能しなくなっても、それとともにエネルギーは死なない。それは何か別なかたち、姿をとって継続するが、それが再生と呼ばれる。子供の肉体的、心的、知的能力は幼くて弱いが、成人となる可能性を秘めている。存在を継続する肉体的、心的エネルギーは、自らのうちに新たなかたちをとり、次第に成長し、成熟する力を内在している。

永続的、不変的実体が存在しない以上、ある瞬間から次の瞬間に継続するものは何もない。それゆえに、ある生から次の生へと生まれかわる永続的、不変的なものは何もないことは明らかである。途切れなく継続するのは連鎖であるが、それは一瞬一瞬変化する。連鎖とは、実際のところ運動に他ならない。それは夜通し燃え続ける炎のようなものである。それは、夜を通して同じものでもなく、また別なものでもない。子供は六〇歳にまで成長する。六〇歳の大人は、六〇年前の子供と同じではないが、かといって別人でもない。同様に、ここで死に、別なところに生まれかわった人の場合、同一人でもなければ、別人でもない。それは、同じ連鎖の継続である。死と生の区別は、思考瞬間の違いだけである。この生の最後の思考瞬間が、いわゆる次の生の最初の思考瞬間を条件付ける。この生においても、ある思考瞬間が次の思考瞬間を条件付ける。それゆえに、仏教的観点からすれば、死後の生は、神秘でもなんでもない。仏教徒はこの問題にけっして煩わされることがない。

この存在しよう、生成しようという渇望がある限り、継続の輪(すなわち輪廻)は続く。それが止むのは、現実、真理、ニルヴァーナを見る叡智によって、その原動力である渇望が断たれるときである。

第四章　第三聖諦 ドゥッカの消滅

第三の聖諦は、ドゥッカの継続から解放され、自由になることができる、という真理である。これは「ドゥッカの消滅すなわちニルヴァーナの真理」として知られる。ドゥッカを完全に消滅させるには、その主な根源――すなわち、先に見たように渇望――を消滅させねばならない。それゆえに、ニルヴァーナはまた「渇望の消滅」とも呼ばれる。

ニルヴァーナはことばを超えたもの

そこであなたは、ニルヴァーナとは何か？　と尋ねるであろう。この自然で単純な疑問に答えるために、多くのことが論じられてきた。しかしニルヴァーナが明らかになったというよりは、むしろ錯綜が深まったといったほうがいい。この質問に対する唯一妥当な答えは、ことばによる完璧な、満足できる答えはない、ということであろう。なぜなら、人間のことばはニルヴァーナという絶対真理、究極実存の本質を言い表わすには貧弱すぎるからである。ことばは、一般の人たちが感覚器官と心で体験するものごとや考えを表わすために考案され、使われているものである。しかし、絶対真理の体験といった超世俗的なことがらは、その類いには属さない。それゆえに、その体験を表現することばはない。あたかも、魚は固い陸地の性質を表現することばをもたないのと同じである。

陸地を歩いてきた亀が、池に戻って魚にそのことを話した。魚は「陸ではもちろん、泳いできたのでしょう?」と言った。そこで亀は陸地は固く、その上では泳げないので歩くのだ、ということを説明しようとした。しかし魚は、そんなことはありえない、自分のすむ池と同じく陸地も液体で、波があり、潜ったり、泳いだりできるに違いないと言い張った。

ことばは、既知のものや考えを象徴するシンボルである。こうしたシンボルもごくありふれたものごとに関してすら、その本質を伝えることができない。ましてや真実を伝えることに関しては、ことばは不十分で、誤解を招くものである。『ランカーヴァターラ・スートラ〔楞伽経《りょうがきょう》〕』には、象がぬかるみにはまり込むように、無知な人たちはことばに囚われる、と記されている。

とはいっても、ことばなしというわけにはいかない。しかし、もしニルヴァーナを肯定的なことばで表わし説明するとなると、おそらく必然的にそれとは反したことばと、それに関連した概念に囚われてしまうことになるだろう。それゆえに、ニルヴァーナは普通否定的なことばで表わされるが、この方が危険が少ないからであろう。(1) 結果的に「渇望の消滅」「構成されないもの」「条件付けられないもの」「欲望の滅亡」「停止」「燃焼」「絶滅」といったことばが用いられる。

原典中のニルヴァーナの定義

パーリ語経典中に見られるニルヴァーナのさまざまな定義、説明を検討してみよう。

(1) ときとして、スィヴァ「吉祥、善」、ケーマ「安全」、スッディ「純粋」、ディーパ「洲」、サラナ「避難所」、ターナ「守護」、パーラ「向う岸」、サンティ「平安、平穏」といった肯定的なことばが、ニルヴァーナを指すのに用いられる。サムユッタ・ニカーヤ〔相応部経典〕の『アサムカタ・サムユッタ』には、ニルヴァーナの同義語が三二挙げられているが、多くは比喩的である。

「それは、かの渇望の完全な消滅である。それを諦め、放棄し、それから解放され、それに囚われないことである(2)」

「あらゆる条件付けられたものの沈静、あらゆる不浄の放棄、渇望の消滅、無執着、停止、ニルヴァーナ」

「ビックたちよ、絶対とは何か。ビックたちよ、それは欲望の消滅、憎しみの消滅、幻惑の消滅である。ビックよ、これが絶対と呼ばれるものである」

「ラーダよ、渇望の消滅がニルヴァーナである」

「ビックたちよ、条件付けられたものであれ、条件付けられていないものであれ、すべてのなかで最高なのは、無執着である。すなわち、うぬぼれからの自由、渇望の破壊、執着の根絶、継続の切断、渇望の消滅、無執着、停止、それがニルヴァーナである」

ある修行者からの「ニルヴァーナとは何か」という単刀直入な質問に対し、ブッダの一番弟子であるシャーリプトラ(3)は、先に見た絶対に関するブッダの答えと同じく「欲望の消滅、憎しみの消滅、幻惑の消滅である」と答えている。

「執着の五集合要素への欲望と渇望、その放棄と破壊がドゥッカの消滅である」

「生存の消滅がニルヴァーナである」

さらには、ニルヴァーナに関してブッダはこう述べている。

「ビックたちよ、生まれたことなく、生成したことなく、条件付けられたことのないものがある。生まれることなく、生成することなく、条件付けられることのないものがなかったら、生まれ、生成し、条件付けられたものから逃れる余地はない。生まれたことなく、生成したことなく、条件付けられたことのないものがあるゆえに、生まれ、生成し、条件付けられたものから逃れる余地がある」

「固体、液体、熱、運動という四要素はここには存在しない。長さ・幅、粗さ・繊細さ、善悪、名称・かたちはすべて破壊される。この世もあの世も、来ることも行く

（2）　サールナートでの最初の説法中の消滅（ニローダ）の定義には、明らかにニルヴァーナが意図されている。しかしニルヴァーナということば自体が含まれていないのは興味深い。

（3）　〔訳注〕パーリ語ではサーリプッタであるが、サンスクリット語名のほうがよく知られているので、こちらに統一した。漢訳仏典では舎利《しゃり》弗《ほつ》と音写される。

ことも立つことも、死も生も、感覚も対象も見当たらない」

ニルヴァーナは否定的なものではない

このように、ニルヴァーナは否定的なことばで表現されるので、多くの人はニルヴァーナは否定的なものであり、自己否定だと誤解している。しかし、そもそも否定すべき自己そのものがないのであるから、ニルヴァーナはけっして自己否定ではない。否定すべきものがあるとすれば、それは自己に関する誤った概念、幻覚である。

ニルヴァーナが肯定的であるとか、否定的であるとか言うのは正しくない。肯定的、否定的というのは相対的なものであり、二元論の世界での話である。こうした用語は、二元論、相対性を超えたニルヴァーナ、絶対真理には適用できない。

否定的なことばは必ずしも否定的な状態を指すわけではない。たとえばパーリ語、サンスクリット語で健康を意味することばはアーローグヤであるが、文字通りには「病気ではないこと」である。しかしアーローグヤは否定的な状態ではない。ニルヴァーナと同義語である不死（サンスクリット語でアムリタ、パーリ語でアマタ）も否定語であるが、これもまた否定的な状態ではない。否定価値の否定は、否定的ではない。ニルヴァーナの同義語の中で有名なものの一つが自由（パーリ語ではムッティ、サンスクリット語ではムクティ）である。自由が否定的だと言う者は、一人もいないだろう。しかし自由にも否定的側面がある。自由はたえず何か邪魔なもの、悪魔的なもの、否定的なものからの解放である。しかし自由は否定語ではない。それゆえに、ニルヴァーナ、絶対自由を意味するムッティあるいはヴィムッティは、悪からの自由であり、渇望、憎しみ、無知からの自由、二元性、相対性、時間、空間からの自由である。

絶対真理

中部経典（一四〇番）の『ダートゥヴィバンガ・スッタ』から絶対真理がどんなものか窺い知ることができる。この非常に重要な教えは、ブッダがある焼き物師の小屋で一晩を過ごしたときに、聡明で熱心な弟子プックサーティ（既出。第一章）に授けたものである。このスッタの該当箇所は次の通りである。

人間は、液体、固体、熱、運動、空間、意識の六要素から構成されている。ある人がそれらを分析してみると、何一つとして「自分のもの」「自分」「自己」ではないことがわかる。そして、どのようにして意識が現れ消えるか、どのようにして快適なもの、不快なもの、そのどちらでもないものが現れ消えるかがわかる。これがわかって、彼の心は囚われがなくなる。すると彼は、自分のうちに純粋な平静があり、それを高度な精神的状態に到達するようにしむけることができることを見出す。そして、この純粋な平静が長く続くことがわかる。そこで彼は考える。

「もし私が、この純化され、浄化された平静を無限の空間に集中し、それと一体化した心を発達させても、それは心的創造でしかない。もし私が、この純化され、浄化された平静を無限の意識に……、無に……、無認識・非認識に集中し、それと一体化した心を発達させても、それは心的創造でしかない」

そして彼は生存・非生存を心的に創造することを欲することもなくなる。[4] 彼は生存・非生存を心的に創造することを欲することもないので、世界の何ものにも執着しない。執着しないので、不安もない。不安がないので、内面的に完全に平穏である。そして彼は知る。

「誕生は終わり、純粋な生は生き終えられた。なされるべきことはなし終えられ、もはやすべきことは何も残っていない」

今や彼は、快適なもの、不快なもの、そのどちらでもないものを経験しても、それが永続的ではなく、自分はそれらに囚われることなく、自分はそれらを欲情から経験したのではないことを知っている。どんな感覚を経験しようが、自分はそれに囚われないことを知っている。彼はすべてのこうした感覚は、オイルと芯がなくなるとランプの火が消えるように、肉体の分解と同時に消滅することを知っている。

「それゆえにビックよ、そう理解した者は、絶対叡智を具えている。なぜなら、すべてのドゥッカの消滅の知識こそは、絶対的聖なる叡智だからである」

「彼のこの真実に依拠した解放は不動である。ビックよ、非実存は偽りである。実存すなわちニルヴァーナは真理である。それゆえにビックよ、そう理解した者は、絶対真理を具えている。なぜなら絶対的聖なる真理はニルヴァーナであり、それは実存である」

他の箇所では、ブッダはニルヴァーナの代わりにまぎれもなく真理ということばを用いている。

「私はあなたたちに真理および真理に至る道を教えよう」

（4）彼は渇望、意志、意図から解き放たれているので、新たにカルマを作ることがない、ということ。

この場合、真理とは確実にニルヴァーナを指している。

では、絶対真理とは何か？　仏教でいう絶対真理とは、世界には絶対的なものはなく、変わることなく、永続する絶対的な自己、魂、あるいはアートマンといったものは内にも外にもない、ということである。これが絶対真理である。否定的真理といった一般的表現があるが、真理はけっして否定的ではない。ものごとをあるがままに見る、というこの真理は、渇望の消滅であり、ドゥッカの消滅であり、ニルヴァーナである。ニルヴァーナは輪廻と異ならないというマハーヤーナの見解は興味深く、有益である。(5) 同一のものでも、主観的あるいは客観的な見方次第で、同じものがニルヴァーナでもあり、輪廻でもある。このマハーヤーナの見解は、今まで見てきたテーラワーダ仏教のパーリ語原典に見出される考えを発展させたものであろう。

ニルヴァーナは結果ではない

渇望の消滅の自然な結果がニルヴァーナだと考えるのは間違っている。ニルヴァーナは、何かの消滅の結果ではない。もし結果であるとすれば、何らかの原因によって生み出されたものである。そうならば、それは「創造されたもの」であり「条件付けられたもの」である。ニルヴァーナは原因でも結果でもなく、それを超えたものである。真理は原因でも結果でもない。それは、瞑想のような創造された神秘的、精神的な状態ではない。真実は実存し、ニルヴァーナは実存する。人ができる唯一のことは、それを見、それを体現することである。ニルヴァーナの達成に至る道がある。しかし、ニルヴァーナはこの道の結果ではない(6)。道を辿って山頂にたどり着けるが、山頂は道の結果ではない。光を見ることはできるが、光は視覚の結果ではない。

ニルヴァーナの先には何もない

しばしば、こう質問される。ニルヴァーナの先には何があるのか？　この質問はありえない。というのはニルヴァーナは究極真理だから。究極である以上、その先には

(5)　ナーガールジュナ〔二世紀のインドの学僧。漢訳仏典では龍樹《りゅうじゅ》〕は、「輪廻はニルヴァーナと何ら異なることはなく、ニルヴァーナは輪廻と何ら異なることはない」と明言している。

(6)　九つの超世俗的ダルマの中で、ニルヴァーナは道と結果を超えたものである、とされていることは興味深い。

何もない。もしニルヴァーナの先に何かがあるとすれば、ニルヴァーナは究極真理ではない。ラーダという弟子が、別なかたちでブッダに質問した。「ニルヴァーナは何のためのものですか?」。この質問は、ニルヴァーナの目的を問題にしている以上、ニルヴァーナの先に何かがあることを前提にしている。それゆえにブッダはこう答えた。「ラーダよ、この質問は的外れである。人は聖なる生を、ニルヴァーナを最終ゴール、目標、究極終着点として生きる」

ニルヴァーナは死ではない

一般に「ブッダは死後ニルヴァーナ（あるいはパリニルヴァーナ）に入った」(7)と言われるが、それは誤りである。しかしこの誤りから、ニルヴァーナに関して多くの想像的な推測がなされるようになった。「ブッダはニルヴァーナ（あるいはパリニルヴァーナ）に入った」という表現を耳にすると、ニルヴァーナは一般的な存在の一つの形態と理解される。一般的に「ニルヴァーナに入る」といわれるが、この表現は原典には見当たらない。「死後ニルヴァーナに入る」ということはない。パリニルヴァーナということばは、ブッダあるいはニルヴァーナを体現したアラハントの死を指すが、「ニルヴァーナに入る」という意味ではない。パリニルヴァーナは、文字通りには「完全に逝った」「完全に消された」「完全に消滅した」を意味するが、それはブッダあるいはアラハントは死後存在することがないからである。

もう一つ、「死、あるいはパリニルヴァーナのあと、ブッダあるいはアラハントはどうなるのか？」という疑問が生じる。しかしこれは「(ブッダが人から質問されても、沈黙を守り、答えなかった)質問(8)」の類いである。ブッダはこれに関して語るとき、アラハントの死後を語るのにふさわしいことばは、私たちの語彙にはないと言っている。ヴァッチャという修行者の問いに答えて、ブッダは「生まれる」「生まれない」ということばはアラハントには用いられないとしている。というのは、「生まれる」「生まれない」ということばに関連する事柄――物質、感覚、識別、意志、意識――は、ア

(7)「ブッダのパリニルヴァーナ〔傍点は訳者による〕の後」ではなく「ブッダのニルヴァーナの後」と記す人たちがいる。しかし「ブッダのニルヴァーナの後」というのは意味をなさず、仏教テクスト中には存在しない。あるのは常に「ブッダのパリニルヴァーナの後」である。

(8)〔訳注〕漢訳仏典では無記《むき》。

ラハントの死後、完全に根こそぎ消滅し、再び起こらないからである。

死後のアラハントは、薪がなくなった火、芯と油がなくなった炎に譬えられる。ここではっきりとさせておかねばならないのは、火あるいは炎に譬えられるのは、ニルヴァーナではなく、ニルヴァーナを体現した、五集合要素から構成された存在（アラハント）である。このことは強調しておかねばならない。なぜなら、多くの人たち――大学者でも――は、この譬えを誤ってニルヴァーナに当てはめているからである。ニルヴァーナは、けっして消えた火、あるいは炎に譬えられることはない。

ニルヴァーナを体現する主体

もう一つよく質問されることは、「もし自己、アートマンが存在しないのなら、ニルヴァーナを体現する主体は何か？」である。ニルヴァーナに言及する前に、一つみなさんに質問をしよう。「もし自己が存在しないのなら、今考えているのは何者か？」。すでに述べたように、思考するのは思考であり、思考の背後に思考する主体は存在しない。同様に、体現するのは、体現すなわち叡智である。体現の背後に、何か別の自己など存在しない。ドゥッカの起源に関しての論議で、存在であれ、ものごとであれ、システムであれ、何であれ、生起する性質のものであれば、それはそれ自体の内に消滅、破壊の原因、芽をもっている。ドゥッカ、サムサーラ、継続の輪は生起する性質のものである。ということは、とりもなおさず、消滅する性質のものである。ドゥッカは、渇望により生起し、叡智により消滅する。すでに見たように、渇望と叡智は両者とも五集合要素のうちに含まれている。

それゆえに、生起の芽も、消滅の芽も、共に五集合要素のうちに含まれている。「この背丈《せたけ》大の身体に、世界、世界の生起、世界の消滅、世界の消滅に至る道のすべてがある」というブッダの有名なことばの真意はこれである。ということは、四聖諦のすべては五集合要素、すなわち私たちの内にある、ということである。これはまた、ドゥッカの生起および消滅を司る外的力は何もない、ということである。

次章で説明する第四聖諦によって叡智が発達し育成されると、生命の秘密、ものごとのありのままの姿が見えてくる。秘密が発見され、真実が見えると、幻覚の中で浮かされたようにサムサーラを継続していたもろもろの力が静まり、カルマの形成ができなくなる。というのは幻覚がなくなり、継続への渇望がなくなるからである。精神病患者が、自分の病気の原因あるいは秘密を発見し、わかったときに、治癒するようなものである。

ニルヴァーナは今の生で体現するもの

ほとんどすべての宗教においては、最高善は死後にしか到達できない。しかしニルヴァーナはこの今の生で実現することができ、到達するのに死を待つ必要はない。

真実、ニルヴァーナを体現した人は、世界でもっとも幸せな人である。その人は、他の人たちを悩ませている、あらゆる煩わしさ、強迫観念、心配、問題から解放される。彼は心的に完全に健康である。過去を悔やまず、未来を思い悩まない。彼は、今というときを全力で生きる。それゆえに、彼は肩肘張ることなく、もっとも純粋な意味でものごとを味わい、享受する。彼は喜びに溢れ、意気揚々とし、純粋な生を楽しみ、五感は心地よく、不安がなく、晴朗で安らかである。あらゆる利己的な欲望、憎しみ、無知、うぬぼれ、奢《おご》り、汚れから解放され、純粋で、やさしく、博愛、慈しみ、正直さ、同情、理解、寛容に富んでいる。彼は自己という概念をもっていないので、他人への奉仕はまさに純粋である。彼は自己という幻想、生成の渇望から解放されているがゆえに、精神的なことも含め、何一つ得ないし、集積しない。

ニルヴァーナは、二元論的、相対的なことばを超えたものである。私たちの一般的な善悪、正邪、存在と非存在という概念を超えている。次の文脈ではニルヴァーナを形容するのに「幸せ」ということばが用いられるが、それは普通の意味とはまったく異なった意味で用いられている。

シャーリプトラが言った。「友よ！　ニルヴァーナは幸せなり、ニルヴァーナは幸せなり」

ウダーイが尋ねた。「友シャーリプトラよ、感覚がないのなら、幸せとはどんなものですか」

この問いに対するシャーリプトラの答えは、非常に哲学的で、普通の理解領域を超えている。

「感覚がないということ自体が幸せである」

ニルヴァーナは論理と論証を超えたものである。ニルヴァーナ、究極真理、実存に関してどれほど論議を尽くしたところで、それは時間の浪費で、本当の理解には達しない。幼稚園の子供は、相対性理論を論議すべきではない。そうせずに、辛抱強く熱心に教科を学習すれば、ある日理解に達することができるだろう。ニルヴァーナは

「賢者が自らの内に体現すべきものである」。もし私たちが、八正道を根気よく熱心に歩み、自らを修練し、浄化し、必要な精神的発展を遂げれば、高尚な、わけのわからないことばを操ることなく、ある日ニルヴァーナを内に体現できるであろう。

それゆえに、次にはニルヴァーナに至る道を見てみることにしよう。

第五章　第四聖諦 ドゥッカの消滅に至る道

第四聖諦は、「ドゥッカの消滅に至る道」であるが、この道は二つの極端な道を避けるがゆえに、「中道」と呼ばれる。二つの極端な道の一方は、感覚的な快楽を通じて幸福を求める道で、それは「低俗で、通俗的で、無益な、凡人の道」である。もう一方は、さまざまな禁欲的行為によって自らを苦しめることにより幸福を求める道で、「苦痛を伴い、無価値で、無益である」。自らこの二つの極端な道を経験し、それらがともに無益であることを理解した上で、ブッダは自らの経験から静逸、洞察、目覚め、ニルヴァーナに至る「中道」を見出した。

八正道

それは八項目から構成されているので、一般的に「八正道」と呼ばれる。すなわち、

(1)正しい理解

(2)正しい思考
(3)正しいことば
(4)正しい行ない
(5)正しい生活
(6)正しい努力
(7)正しい気付き
(8)正しい精神統一

ブッダが四五年間にわたって説いた教えは、実質的にはこの八正道に凝縮される。ブッダは、弟子の発展段階、理解能力、実践能力に応じて、さまざまな場所で、さまざまなかたちでこれを説明した。ブッダの何千という教えのエッセンスは、この八正道に集約されている。

この八項目(正道)は、右に列挙した順に一つずつ実践していくものと思ってはならない。それらは、各人の能力に応じて、すべてを同時に実践しなくてはならない。八つは各々繫がっており、一つの実践が他の実践に役立つ。

これらの八項目は、仏教的修練と規律における三つの基本を増進し完成することを

目的としている。三つとは、

・倫理的行動
・心的規律
・叡智

である。それゆえに、これら八項目は三つの部類に分けて考察するのが妥当である。

倫理的行動

「倫理的行動」は、ブッダの教えの基盤である、生きとし生けるものへの普遍的愛と慈しみという広大な概念の上に構築されている。多くの学者が、ブッダの教えのこの偉大な理念を忘れ、仏教に関して無味乾燥な哲学的、形而上学的論議に没頭しているのは悔やまれることである。ブッダは、「多くの人の利益のために、多くの人の幸せのために、世界に対する慈しみから説いた」のである。

ブッダによれば、人間が完全であるためには、注意深く啓発しなくてはならない二つの資質がある。一つは慈しみであり、一つは叡智である。慈しみは、愛、慈善、親切さ、寛容といった情緒的な気高い資質であり、叡智とは、人間の知的な心の資質である。もし情緒的側面だけを発達させ、知的側面を無視すれば、人は心やさしい愚か者となりかねない。その逆に知的側面だけを発達させ、情緒的側面を無視すれば、他人を考慮しない無情なインテリとなりかねない。それゆえに、完全な人格を養成するためには、両者を発達させねばならない。これが仏教的生き方の目標である。この先説明するように、そこでは慈しみと叡智は不可分に結びついている。

最初の愛と慈しみを基礎とする倫理的行動には、八正道のうちの三項目、すなわち正しいことば、正しい行ない、正しい生活(先述リストの(3)、(4)、(5))が含まれる。

「正しいことば」とは、①嘘をつかない、②人びとや集団の間に憎悪や敵意、不一致や不調和をもたらすような陰口、中傷、噂話を慎む、③荒々しく、粗暴で、無作法なことばや悪意を含むことば、罵りのことばを慎む、そして④無用で役に立たない馬鹿げたおしゃべりや雑談をやめることである。

これらの誤った有害なことばをやめると、人は自然に真実を語り、友好的で慈悲深いことば、快く優しいことば、そして意味深い、役に立つことばを使うようになる。軽率に話してはならず、発言は正しいときと場を心得たものでなければならない。もし、何か有益なことが言えない場合は「貴い沈黙」を守るべきである。

「正しい行ない」とは、道徳的で、尊敬に値し、安らかな行動を促進することを指す。命を傷つけたり、盗みを働いたり、不誠実であったり、邪《よこしま》な性的関係をもったりすることを慎むと同時に、他の人たちが正しく、安らかで、尊敬に値する生活を送るのを助けなくてはならない。

「正しい生活」とは、武器や兵器、酒、毒物の取引、屠殺、詐欺といった、他者を害することで生計を立てることを慎み、他者を傷つけることがなく、他者から批難されることがなく、尊敬される職業に就くことである。仏教は、武器や兵器の取引は邪悪で正しくない生計であると見なしていることから、仏教はいかなるかたちの戦争にも強く反対していることが明らかである。

八正道のこの三つの項目(「正しいことば」「正しい行ない」「正しい生活」)が倫理的行動を形成する。仏教の倫理的、道徳的行動は、個人および社会にとっての幸せで調和のとれた生活を促進することを目的としている。道徳的行動は、すべての高度な精神的達成にとって不可欠な基礎と見なされている。この道徳的基盤なくして、いかなる精神的発達も不可能である。

心的規律

次の「心的規律」には、八正道のうちの三つの項目が含まれる。すなわち、正しい努力、正しい気付き、そして正しい精神統一（先述リストの⑹、⑺、⑻）である。

「正しい努力」とは、①邪で不健全な気持ちが起きるのを防ぎ、②すでに起きた邪で不健全な気持ちを取り除き、③正しく健全な心を起こし、④すでに起きた正しく健全な心を完成に導くことである。

「正しい気付き」とは、①身体の活動、②感覚や感じ、③心の動き、④考え、思考、概念とものごとに関して、はっきり意識し、気を遣い、注意することである。

身体に関しては、呼吸に注意することは精神的発達のためのよく知られた訓練の一つである。同じく身体に関連した事柄では、瞑想など他にも精神的発達を促す方法がある。

感覚や感じに関しては、心地よさ、不快さ、そのどちらでもないといったあらゆる感覚をはっきりと意識し、それらが自分の中でどのように現われ、消えていくかを観察しなければならない。

心の動きに関しては、自分が欲に動かされていないかどうか、憎しみに駆り立てられていないかどうか、惑わされていないかどうか、散漫になっていないかどうかを監視しなくてはならない。こうして、心のすべての動き、その生起と消滅を注視しなくてはならない。

考え、思考、概念とものごとに関しては、それらの本質、生起と消滅、発展、およびどうしたらそれらを抑制し、破壊できるかを知らなければならない。

これら四つの心の育成すなわち瞑想に関しては『サティパッターナ・スッタ』に詳しく説かれているが、それは第七章で扱うことにする。

心的規律の三番目で最後の項目が、一般にトランスあるいは瞑想と訳されるジャーナ(1)で、四段階の「正しい精神統一」である。

ジャーナの第一段階では、感覚的欲望、悪意、物憂さ、不安、落ち着きのなさ、猜疑心といった情欲と不健全な考えが取り除かれ、ある種の心的活動に際して喜びと幸せの感情が伴う。

第二段階では、すべての知的活動は抑圧され、平静と心の「一点集中」状態が発達

(1)〔訳注〕漢訳仏典では「禅那《ぜんな》」と音写され、現在日本語で一般に用いられている「禅」の語源。

し、喜びと幸せの感情が保たれる。

第三段階では、アクティブな感覚である喜びの感情はなくなり、幸せの感情は残り、それに心の平静が加わる。

第四段階では、幸・不幸、喜び・悲しみといったすべての感覚がなくなり、ただ純粋な平静と自覚だけが残る。

こうして、正しい努力、正しい注意、正しい精神統一によって心は訓練され、律せられ、啓発される。

叡智

残りの二つの項目、すなわち正しい理解と正しい思考〔先述リストの(1)と(2)〕が、「叡智」を構成する。

「正しい思考」とは、すべての生きものに対する無私無欲な放棄あるいは無執着、愛の思い、非暴力の思いである。この無私無欲な無執着、愛、非暴力が叡智に包括されるのは興味深く重要である。このことからはっきりわかるのは、叡智にはこうした高貴な要素が具わっているということである。個人的であれ、社会的、政治的であれ、人生における利己主義的な欲望、悪意、憎しみ、暴力といった考えは、叡智欠如の結果に他ならない。

「正しい理解」とは、ものごとのありのままを理解することであり、ものごとのありのままを説明するのが四聖諦である。正しい理解は、究極的には四聖諦の理解に集約される。この理解は、究極実存を見る最高叡智である。仏教では、二種類の理解がある。私たちが一般に理解と呼んでいるのは、知識、すなわちある種のデータに基づいた、ある事柄の知的把握である。これは、「ものごとに准じた知識」と呼ばれるが、深いものではない。本当の深い理解は「透視」と呼ばれ、ものごとの本質を、名前や名称なしで見抜くことである。この「透視」は、心に一切の汚れがなくなり、心が瞑想によって完全に啓発されたときに初めて可能である。

以上ざっと見てきたところからわかるように、八正道とは、一人ひとりが、自らの人生において、歩み、実践し、開発する道である。それは、身口意《しんくい》の自己規律であり、自己啓発であり、自己浄化である。それは、信仰、崇拝、儀礼とは無関係である。この意味において、それは一般的に「宗教的」といわれるものとは無縁である。それは道徳的、精神的、知的完成を通じての、究極の実存、完全な自由、幸せ、平和に至る道である。

仏教国においては、宗教的行事にはシンプルで美しい慣習や儀式があるが、それらは本当の「道」とは無縁といっていい。しかしこうした慣習や儀式にも、修行の初期段階にある人びとのある種の宗教的感情や要求を満たし、彼らの道のりを助けるという点において、それなりの意義は認められる。

まとめ

四聖諦に関連して、われわれがなすべきことは以下のとおりである。

第一聖諦はドゥッカの本質で、人生の本質は苦しみ、悲しみ、楽しみ、不完全さ、不本意さ、無常さである、ということである。これに関連してわれわれがすべきことは、それを事実として明瞭に、完全に理解することである。

第二聖諦はドゥッカの生起である。すなわちもろもろの欲情、汚れ、不純さを伴った渇望、欲望の生起である。このことをただ理解するだけでは不十分であり、われわれがすべきことは、この渇望を退け、除き、破壊し、根絶することである。

第三聖諦はドゥッカの消滅、すなわちニルヴァーナ、絶対真理、究極実存である。

われわれがすべきことは、それを体現することである。

第四聖諦はドゥッカの消滅に至る道、すなわちニルヴァーナの実現に至る道である。どれだけ完璧にこの道を知ろうと、単なる知識では不十分である。この場合われわれがすべきことは、それを辿り、歩むことである。

第六章　無　我（アナッタ）

我の概念

魂、自己、エゴ、あるいはサンスクリット語ではアートマンということばによって一般的に示唆されていることは、移り変わる現象世界の背後に、人間の中には変わることのない物質、すなわち恒常的、永続的、そして絶対的な実体があるということである。いくつかの宗教では、各人には神によって創造された個別の魂があり、それは死後、創造主の判断によって天国あるいは地獄に赴き、永遠に生きるとされる。他の宗教によれば、それは完全に浄化されるまで生死を繰り返し、最終的には神、ブラフマン、それ自体の元来の源である宇宙的魂、アートマンと一体化するとされる。人間の中のこの魂、あるいは自己が、思考の主体、感覚の主体、善悪の行ないに対する報賞・処罰を受ける主体である。こうした概念が自己の概念である。

我の概念の否定

この魂、自己、アートマンの存在を否定するという点で、仏教は人類の思想史の中でユニークである。ブッダの教えによれば、自己という概念は実体に該当しない想像上の誤った考えである。それは、「私」、「私の物」、利己主義的欲望、渇望、執着、憎しみ、悪意、うぬぼれ、傲慢、エゴイズム、不純さ、不浄さ、その他さまざまな問題を生み出す。それは、個人的いざこざから国家間の戦争に至るまで、世界のあらゆる問題の源である。突き詰めていえば、世界における諸悪の根源はこの誤った考えに辿り着く。

人間には、自己防衛と自己保存という心理的に根深い二つの考えがある。自己防衛に関していえば、子供が親に頼るように、人間は自らの保護、安全、安心のよりどころとして神を作った。自己保存に関しては、人間は永遠に生きる不死の魂、あるいはアートマンという考えを作った。また、人間は無知、弱さ、恐怖、そして欲望ゆえに、自らを慰めるためにこの二つを必要とする。そして、それに深く熱狂的にしがみつく。

ブッダの教えは、こうした無知、弱さ、恐怖、そして欲望を支持せず、それらを根本から取り除き、破壊して、人間を目覚めさせることを目指している。仏教によれば、私たちの神や魂という概念は誤ったものであり、空虚である。理論としては高度に展開されたものであるが、複雑な形而上学的、哲学的言い回しに包まれた微細な精神的投射に過ぎない。こうした考えは、人間にとってあまりにも根深く、身近で、大切なものなので、人間はそれを批判する教えを聞くことを願わないし、理解することも欲しない。

ブッダには、このことがよくわかっていた。彼は、自分の教えは「世の潮流に逆らう」、人間の利己主義的な欲望に逆らうものだと言っている。「目覚め」の四週間後、菩提樹の下に坐って、ブッダはこうつぶやいた。

「私が体現したこの真実は、見がたく、理解しがたく、賢者にしか把握されない。潮流に逆らい、高遠で、深く、微妙で、難解なこの真理は、欲情に打ち負かされ、闇に包まれた者たちには見えない」

内心こう思いながら、ブッダは自分が理解した真理を世間に説明しようとするのは無駄ではないかと一瞬躊躇した。そこでブッダは世間を蓮の池に譬えてみた。池には、いまだに水面下に留まっている蓮もあれば、ちょうど水面に顔を出した蓮もあり、水面高く抜きん出ている蓮もある。同様に、世間にも色々なレベルの人たちがいる。中には真理を理解する人もいる。そう思って、ブッダは説法を決意した。

無我の教えは、五集合要素の分析と「条件付けられた生起」の教えの自然の帰結、あるいは付随的命題である。

第一聖諦「ドゥッカの本質」の章で見たように、私たちが存在、個人と呼ぶものは、五集合要素から成り立っている。そして、それらを分析し、検証してみると、その背後に「私」、アートマン、自己と呼べるものは何もないことがわかった。これが分析的方法である。「条件付けられた生起」の教義は総合的方法であり、それによっても同じ結論に達する。つまり、世界には絶対的なものは何一つ存在しない。すべては条件付けられたものであり、相対的であり、相互に依存している。これが仏教的相対性理論である。

「条件付けられた生起」

アートマンのことを論じる前に、簡単に「条件付けられた生起」に関して見てみることが有益である。この教えの要点は、次の四行詩で明らかである。

「これが存在するとき、あれが存在する。

これが生起するとき、あれが生起する。
これが存在しないとき、あれは存在しない。
これが消滅するとき、あれが消滅する」

一二項目〔因縁〕

この条件性、相対性、相互依存性の原理に基づいて、すべての生の存在、継続そして消滅が、一二項目からなる「Aを条件として、Bが生起する」という定式によって説明される。

(1)無知を条件として、意図的行為あるいはカルマが生起する。〔以下同〕
(2)意図的行為あるいはカルマを条件として、意識
(3)意識を条件として、精神的、肉体的現象
(4)精神的、肉体的現象を条件として、六器官
(5)六器官を条件として、接触
(6)接触を条件として、感知
(7)感知を条件として、渇望

(8)渇望を条件として、執着
(9)執着を条件として、生成
(10)生成を条件として、誕生
(11)誕生を条件として、(12)老い、死、悲嘆、痛みなどが生起する。

こうして生が生起し、存在し、継続する。

これを逆の順序でたどれば、消滅の過程となる。無知の完全な消滅から、意図的行為あるいはカルマが消滅し、意図的行為あるいはカルマの消滅から、意識が消滅し、……、誕生の消滅から、老い、死、悲嘆、痛みなどが消滅する。

はっきりと理解しなくてはならないのは、これらの一つひとつの要素は、〔他を〕条件付けると同時に、〔他により〕条件付けられているという点である。それゆえに、すべては相対的であり、相互依存しており、相互に関連しており、何一つとして絶対ではなく、独立していない。それゆえに、先に述べたように、仏教では何かが絶対的主因であるとは見なさない。条件生起は、〔完結する閉じた〕輪と見なすべきであり、〔完結しない単なる〕連鎖と見なすべきではない。(1)

自由意志も条件付けられている

西洋思想・哲学では、自由意志の問題が重要な位置を占めてきた。しかし「条件付けられた生起」を原則とする仏教では、この問題は存在しないし、存在しようがない。すべてが相対的で、条件付けられていて、相互依存している以上、どうして意志だけが自由でありえようか。他のあらゆる思いと同じく、意志も条件付けられている。いわゆる「自由」自体も条件付けられており、相対的である。条件付けられているなかで相対的〔傍点は訳者による。次も同じ〕に自由な意志は否定されないが、すべてが相互依存的であり、相対的である以上、絶対的に自由なものは、肉体的なものであれ、心的なものであれ、何も存在しない。もしも自由意志を条件から、あるいは因果律から独立したものとするなら、そのようなものは存在しない。すべての存在が、条件付けられ、相対的であり、因果律に律せられている以上、意志が、あるいは別の何かが、条件なしに、因果律から独立して生起することはありえない。ここでまたしても、自

（1）　紙幅の制約から、この最も重要な教義をここでは詳細に論じられない。仏教哲学に関する別の本でこのテーマに関する批判的比較研究を行なう予定である。〔訳注。この本は、訳者の知る限り刊行されていない〕

由意志という概念は、神、魂、正義、報賞、罰則という概念と結びついている。いわゆる自由意志そのものばかりか、自由意志という考え自体が、条件から解放されたものではない。

「条件付けられた生起」の理論、および存在の五集合要素の分析から、人間の内あるいは外に、アートマン、「我」、魂、自己、あるいはエゴといった不変、不死なるものを想定するのは、誤っており、単なる心的投射に過ぎない。これが、仏教のアナッタ、無魂、無我の教理である。

二種類の真理

混乱を避けるために、ここで真理には二種類あることを明記しておきたい。一つは便宜的真理で、もう一つは絶対的真理である。日常生活において、「私」「あなた」「存在」「個人」といったことばを用いるとき、自己や存在の概念がないからといって、嘘を言っているわけではなく、世間の取り決めに従った便宜的真理を話しているのである。しかし、絶対的真理では「私」や「存在」は実体としては存在しない。『マハーヤーナ・スートラ・アランカーラ〔大乗《だいじょう》荘厳《しょうごん》経論《きょうろん》〕』には、「人が存在するとは、名目上(すなわち便宜上)の話であり、実存的なことではない」と記されている。

「不滅のアートマンの否定は、小乗[2]、大乗を問わず、すべての仏教に共通の特徴である。仏教はこの点に関しては完全に一致しているので、〔アートマンを否定する〕仏教教義がブッダの元来の教えから逸脱したという根拠はない」

アートマン

それゆえに最近になって、仏教の精神に反してブッダの教えに自己の概念を導入しようとする学者たちがいるのは、不可解なことである。こうした学者たちは、ブッダとその教えを尊敬し、賞賛し、崇拝し、仏教を高く評価する。しかし彼らは、彼ら自身がもっとも明晰で、奥深い思想家と見なすブッダが、アートマン、自己の存在を否定したとは想像すらできない。それほどに、彼らはアートマン、自己を必要としている。彼らは無意識のうちに、小さな個々人のレベルではなく、偉大なる「個人」のレベルでの永遠の存在の必要性をブッダに支持してほしいと思っているのである。

(2)　〔訳注〕この用語は、引用文の著者H・フォン・グラッセナップ(H. von Glasenapp)が用いているものなので、そのままとした。

彼らは「私たちはアートマン、自己の存在を信じる」と正直に言ったほうがいいだろう。あるいは、「ブッダがアートマンの存在を否定したのは、完全に間違っている」と言うべきだろう。しかし、現存する原典に拠る限り、ブッダはそうしたものの存在を認めておらず、そうである以上、仏教にそうした考えを持ち込むことは許されない。

神と魂の存在を信じる宗教は、この二つの考えを秘密にしない。それどころか、たえず繰り返し、最大限の賛辞をもってそれを語る。もしブッダが、すべての宗教で非常に重要なこの二つの考えを認めていたら、他の事柄と同様に、それらのことを公然と語ったであろう。死後二五世紀たって、ようやくそうであったと言われることはなかっただろう。

人びとは、アートマンに関するブッダの教えによって、彼らが想像していた自己が破壊されることになると思い、神経質になった。ブッダにはそれがわかっていた。

あるとき弟子が尋ねた。

「師よ！　内なる永遠のものが見つからないとき、人は苛《さいな》まれるということがありますか？」

「弟子よ、それはある。ある人がこう考えたとしよう。

「宇宙はかのアートマンであり、私は死後、永遠で、不変で、永続的で、不易なそれとなろう。そして私は永遠にそのようにあろう」

その彼が、ブッダあるいはその弟子が、渇望の消滅を目指して、また執着を離れたニルヴァーナを目指して、〔自分の〕推測的な見解を完全に打破する教えを説くのを聞いたとしよう。彼は、

「私は無に帰される。私は破壊される。もはや私は存在しない」

と思うだろう。そして彼は嘆き、心配し、泣き、胸を叩き、打ちのめされるだろう。こうして、内なる永遠のものが見つからないと、人は苛まれることがある」

また他の箇所で、ブッダはこう言っている。

「弟子たちよ、私は存在しないかもしれない、私は所有しないかもしれない、と思うと、一般の人は恐怖心に襲われる」

仏教に「自己」を見出そうとする人たちは、以下のように論ずる。ブッダは、存在を物質、感覚、識別、意志、意識〔＝五集合要素〕に分析し、これらの一つとして自己ではない、と言った。しかしブッダは、こうした構成要素を離れて、人間の内に、あるいはその他のどこにも自己がない、とは言っていない。

この論は、以下の二つの理由で認められない。

第一に、ブッダの教えによれば、存在はこれら五集合要素からのみで成り立っており、他には何ものもない。ブッダは、この五集合要素以外に存在を構成するものがあるとはどこでも言っていない。

第二に、ブッダは、人間の内であれ外であれ、あるいは宇宙のどこであれ、アートマン、魂、エゴの存在については断固として、明瞭に、一度ならず否定している。いくつかの例を検証してみよう。

『ダンマパダ（法句経《ほっくきょう》）』の中に、ブッダの教えの中でこの上なく重要で肝心な三句がある。第二〇章の五、六、七偈《げ》（通し番号では二七七、二七八、二七九）である。

最初の二句は、

「条件付けられたものはすべて無常である」

「条件付けられたものはすべてドゥッカである」

第三の句は、

「すべてのものごと（ダルマ）は、無我である」

ここで注意しなくてはならないのは、最初の二句では「条件付けられたもの」ということばが用いられ、第三句では、その代わりに「ものごと（ダルマ）」ということばが使われていることである。どうして第三句では、最初の二句と同じように、「条件付けられたもの」ということばが用いられずに、その代わりに「ものごと」ということばが使われているのだろうか。すべての鍵はここにある。

「条件付けられたもの」ということばは、物質的であれ心的であれ、すべて条件付けられ、相互依存し、相対的な五集合要素およびその状態のすべてを指す。第三句が「すべての条件付けられたものは無我であるが、条件付けられていないもの、すなわち五集合要素以外のものには我がある、と思うであろう。こうした誤解が生じないために、第三句では「ものごと」ということばが用いられているのである。

仏教用語としての「ものごと」ということばは、「条件付けられたもの」ということばよりもずっと広い意味をもっている。「ものごと」は、ただ単に条件付けられたものとその状態を指すだけではなく、絶対とかニルヴァーナといった条件付けられていないものをも含む。宇宙の内であれ外であれ、善悪を問わず、条件付けられている・いないを問わず、相対的・絶対的を問わず、このことばに含まれないものは何もない。それゆえに、「すべてのものごと(ダルマ)は、無我である」という句によれば、五集合要素の内に限らず、その外であれ、どこであれ、自己はなく、アートマンはない、ということは明らかである。

テーラワーダの教えでは、個人あるいは「ものごと」の中には自己は存在しない。大乗仏教もまったく同じ立場に立っていて、「法無我」「人無我」を強調することに変わりはない。

中部経典の『アラガッドゥーパマ・スッタ』の中で、ブッダは弟子たちにこう言っている。

「弟子たちよ！　嘆き、悲しみ、苦しみ、心痛、辛苦のない魂理論があれば、それを受け入れよ。しかし弟子たちよ、嘆き、悲しみ、苦しみ、心痛、辛苦のない魂理論が、どこにあるのか？」

「師よ、どこにも見当たりません」

「弟子たちよ、その通りである、私自身も、嘆き、悲しみ、苦しみ、心痛、辛苦のない魂理論は、どこにも見出せない」

もしブッダが受け入れた魂理論があったのなら、ブッダはここでそれを説明したであろう。なぜなら、ブッダは弟子たちに、苦しみを生起しない魂理論を受け入れるようにと言っているのだから。しかしブッダからすれば、そんな魂理論はなく、いかに緻密で優れたものであれ、すべての魂理論は誤っており、想像的なものにしか過ぎず、嘆き、悲しみ、苦しみ、心痛、辛苦を生起するものである。

同じ経の中で、ブッダは続けてこうも言っている。

「弟子たちよ、自己も、自己に関連する何ものも本当の意味で、実際に見出せないなら、「宇宙はかのアートマン(魂)であり、私は死後、永遠で、不変で、永続的で、不易なそれとなろう。そして私は永遠にそのようにあろう」という考えは、完全に、完璧に愚かではなかろうか?」

ここでブッダは、アートマン、魂、自己は、実際にはどこにも見当たらず、そんなものがあると信じることは愚かしい、とはっきり断定している。

アートマンに関する誤解(一)

ブッダの教えの中に自己を見出そうとする人たちは、いくつかのことばを引用するが、実際にはそれらを誤解し、誤訳している。その一つが『ダンマパダ』の「アッター・ヒ・アッタノ・ナート」という有名な一句（第一二章、四偈、通し番号一六〇）である。それは、「自己は、自分の主である」という句で、偉大なる「自己」は、小さな「自分」の主であると解釈される。

まず、この解釈は間違っている。「アッター」は、魂の意味での自己を意味しない。パーリ語のアッターは、ことに哲学的に魂理論に言及する限られた場合を除き、一般的には再帰代名詞、あるいは不定代名詞である。『ダンマパダ』のこの句の場合もそうで、「自分自身」「あなた自身」「彼自身」「人」「人自身」を指す。

次に、「ナート」は「主」ではなく、「避難所」「よりどころ」「支援」「保護」の意味である。それゆえに「アッター・ヒ・アッタノ・ナート」は、「自分自身が、自分のよりどころである」あるいは「自分自身が、自分の避難所である」という意味である。この句は、形而上学的魂あるいは自己とは何の関係もない。意味するところは単に、他人ではなく、自分自身を頼りにしなくてはならない、ということである。

アートマンに関する誤解（二）

ブッダの教えに自己の考えを導入しようとしてよく引用されるもう一つの句は、

『マハーパリニッバーナ・スッタ〔大般涅槃経〕』中の有名な「アッタディーパー・ヴィハラタ・アッタサラナー・アナッニャサラナー」である。この句は、「自分自身をよりどころとし、自分自身を避難所とし、他の誰をも避難所とすることなかれ」という意味である。仏教の中に自己という概念を導入しようとする人たちは、この句のアッタディーパーとアッタサラナーを、「自己をよりどころと見なす」「自己を避難所と見なす」と解釈している。この句は、ブッダがアーナンダに授けた助言であるが、その背景を理解しない限り、その本当の意味は完全にはわからない。

ブッダはこのときベルヴァという村に滞在していた。死の三カ月前のことであった。ブッダは八〇歳で、重い病いに苦しんでおり、瀕死状態であった。しかしブッダは、親しい弟子たちに別れを告げずに死ぬことはできないと思った。それで勇気と決断をもって痛みをこらえ、病気を克服し、立ち上がった。しかし、体は弱っていた。回復してから、ある日住まいの外の木陰に坐っていた。もっとも親しかった弟子のアーナンダがブッダの近くに行き、傍らに坐って言った。

「師よ、私は師の健康を管理し、看病してきました。しかし、師の病いを見るにつけ、世が暗くなり、気分がふさぎます。しかし、一つ気が安らぐことがあります。師は、サンガに関する指示を与えないではお亡くなりにならないでしょう」
そこでブッダは、慈悲からそして人情から、もっとも愛しい弟子であるアーナンダに語った。
「サンガは私に何を望むことがあるのか。私は、内外のいかなる区別をすることもなく真理を教えた。教師としてブッダは掌のうちに隠すことは何一つない。「私がサンガを導き、サンガは私の指導を仰がねばならない」と思うものがいたら、彼に彼自身の指示を記させよ。ブッダにはそうした意図はない。それゆえに、どうしてサンガに関する指示を残す必要があろうか。アーナンダよ、私は年老いて、齢《よわい》八〇である。使い古された車が修理によって動き続けるように、ブッダの身体は修理によって動き続ける。それゆえに、アーナンダよ、
自分自身をよりどころとし、
自分自身を避難所とし、
他の誰をも避難所とすることなかれ。
ダルマをよりどころとし、
ダルマを避難所とし、

他の何ものをも避難所とすることなかれ」

ブッダがアーナンダに伝えようとしたことはきわめて明らかである。アーナンダは悲しくて、気落ちしていた。アーナンダは、偉大な師が亡くなったあとは、彼らは全員避難所もなく、師もなく、ひとりぼっちで、途方に暮れると思っていた。そこでブッダは、彼を慰め、勇気づけ、自信をもたせるために、自分自身とブッダの教えを頼りとし、他の誰にも、他の何ものにも頼ってはいけないと言った。この文脈に、形而上学的アートマンを見出すのはまったく場違いである。

さらにブッダはアーナンダに、身体、感覚、心、心の対象に対する正しい思いによって、いかにして自分自身をよりどころあるいは避難所とし、ダルマをよりどころあるいは避難所とするかを説明した。ここではアートマンあるいは自己は一切話題となっていない。

アートマンに関する誤解(三)

ブッダの教えの中にアートマンを見出そうとする人たちがよく引用するのが次のレファレンスである。あるときブッダはベナレスからウルヴェーラーに向かう途中の森の中で一本の木の下にいた。その日、三〇人の若い王子たちが若い妃たちを伴って、その森にピクニックに出かけた。そのうちの一人の王子は未婚だったので、娼婦を伴っていた。皆が浮かれている間に、娼婦はいくつかの貴重品を盗み、いなくなった。彼らは森の中で女を捜し回っている間に、木の下に坐っているブッダに出くわしたので、女を見なかったかと訊ねた。ブッダは何が起きたのかと訊ねた。彼らが説明すると、ブッダは言った。「若者たちよ、どう思うか？　女を捜すのと、自分を捜すのと、どちらが大切か？」

これも単純で自然な質問であり、ここに形而上学的なアートマンとか自己といったアイデアを導入する正当性はない。若者たちは、自分を捜す方が大切であると答えた。そこでブッダは彼らに坐るように促し、ダルマを説明した。知られている原典では、アートマンには一言も触れられていない。

ブッダの沈黙

修行者ヴァッチャゴッタがブッダに、アートマンは存在するか否かを尋ねたときの、ブッダの沈黙に関して、今までさまざまに論議されてきた。その話は、次のとおりである。

ヴァッチャゴッタがブッダの許にやってきて尋ねた。

「師ゴータマよ、アートマンは存在しますか？」

ブッダは黙していた。

「では、師ゴータマよ、アートマンは存在しないのですか？」

またしてもブッダは黙していた。

ヴァッチャゴッタは立ち上がって、去っていった。

修行者が去ったあと、アーナンダがブッダにどうしてヴァッチャゴッタの質問に答えなかったのかと尋ねた。ブッダは自分の立場をこう説明した。

「アーナンダよ、ヴァッチャゴッタは「自己は存在しますか？」と尋ねた。もし私が「自己は存在する」と答えたなら、私は永遠主義の修行者やバラモンの側についたことになる。

またアーナンダよ、ヴァッチャゴッタが「自己は存在しないのですか？」と尋ねたとき、もし私が「自己は存在しない」と答えたなら、私は虚無主義の修行者やバラモンの側についたことになる。

またアーナンダよ、ヴァッチャゴッタが「自己は存在しますか?」と尋ねたとき、もし私が「自己は存在する」と答えたなら、「もろもろのものごとには自己がない」という私の考えと一致するだろうか」

「師よ、一致しません」

「またアーナンダよ、ヴァッチャゴッタが「自己は存在しないのですか?」と尋ねたとき、もし私が「自己は存在しない」と答えたなら、すでに(先の問答で)混乱していたヴァッチャゴッタをいっそう困惑させることになっただろう。というのは、彼は、「私は今まで、たしかにアートマンをもっていたのに、もはやもっていない」と思うからである」

なぜブッダが沈黙を保ったかは、今や明らかであろう。しかしその背景およびブッダの質問および質問者への対処の仕方――このことは従来無視されてきた点である――を考慮に入れたら、いっそう明瞭になるであろう。

ブッダの応対

ブッダは、誰からの質問にも、思いつきのような質問にも、すべての質問に対して答えるコンピュータではなかった。彼は思いやりと叡智に溢れた、実践的な教師であった。彼が質問に答えるのは、自分の知識と知性をひけらかすためではなく、質問者が前進するのを助けるためであった。ブッダは、相手の発展段階、性向、精神的特徴、性格、理解能力を考慮して話をした。ブッダによれば、質問への対処の仕方には四つある。

(1)単刀直入な返答
(2)分析による返答
(3)逆に質問を仕返すこと
(4)保留すること

保留の仕方もさまざまである。一つは、答えず、説明しないことである。これは、ヴァッチャゴッタからの、宇宙は永遠であるか否かといった質問に対して、何度もとられた態度である。マールンキャプッタなどに対しても同様であった。しかし、アートマンが存在するか否かという質問に対しては、同じように対処することはできなかった。なぜなら、ブッダは何度もアートマンを論議し、説明していたからである。彼は「存在する」とは答えられなかった。なぜなら、それは「もろもろのものごとには自己がない」という彼の考えに反するものだからである。ブッダはまた、「存在しない」とも答えられなかった。というのは、そう答えたならば、別の問題ですでに混乱していたヴァッチャゴッタをいっそう困惑させることになったからである。ヴァッチャゴッタは、いまだアートマンの概念を理解するレベルには達していなかった。それゆえに、この場合沈黙でもって答えるのが最善の方法であった。

忘れてならないのは、ブッダはヴァッチャゴッタを長い間にわたって知っていたということである。好奇心旺盛なヴァッチャゴッタがブッダの許に来たのは、これが最初ではなかった。賢明で慈しみ深いブッダは、この混乱した質問者のためを思って沈黙したのである。パーリ語経典の中にはヴァッチャゴッタに関する記述が散見するが、彼はこうした問題が頭にこびりついて離れなかった。ブッダの沈黙は、いかなる雄弁な答えよりもヴァッチャゴッタを落ち着かせたに違いない。

ある人たちは、「自己」を一般に「心」「意識」と言われているものだと考える。しかしブッダは、普通の人にとっては、心、考え、意識よりは、むしろ自分の身体を「自己」と見なした方がいい、と言っている。なぜなら、心、考え、意識は日夜たえず身体よりも速く変化するもので、身体の方が堅固だからである。

易なことではない。「私は存在する」という曖昧な感覚が、該当する実体がない「自己」という考えを生み出す。この事実がわかることがニルヴァーナを体現することであるが、それは容易なことではない。

ケーマカ

相応部経典に、ケーマカという僧侶と、ある僧侶のグループとの対話があるが、非常に啓発的である。

僧侶たちはケーマカに、「あなたは、五集合要素の中に「自己」あるいはそれに該当するものを見出すか」と尋ねた。ケーマカは、「見出さない」と答えた。すると僧侶たちは、「そうなら、あなたはあらゆる汚れから解放されたアラハントである」と言った。ケーマカはこう述べた。「私は五集合要素の中に「自己」あるいはそれに該当するものを見出さないが、私はあらゆる汚れから解放されたアラハントではない。友よ、執着の五集合要素に関して、私は「私は存在する」と感じるが、「これが私の存在である」とはっきりとはわかりません」。ケーマカは、「私は存在する」というのは、物質でも、感覚でも、識別でも、意志でも、意識でもなく、それを離れたものでもない、と説明した。しかし彼は、五集合要素に関して「私は存在する」という感覚があるが、はっきりと「これが私の存在である」とはわからない、と言う。

彼は、それは花の匂いのようなものであると言う。それは、花弁の匂いでも、色の匂いでも、花粉の匂いでもなく、花の匂いである。

ケーマカは、さらにこう説明した。ある程度の修行レベルに達した人でも、未だに「私は存在する」という感覚をもっている。しかし、修行が進むにつれてこの感覚はすっかりなくなる。あたかも、衣類を洗濯した直後には洗剤の匂いが残るが、収納されている間に消えていくかのように。

この対話は非常に有益であったため、ついにはケーマカを含めた全員がアラハントとなり、あらゆる汚れから解放され、「私は存在する」という感覚がなくなった。

まとめ

ブッダの教えによれば、「私には自己がない」（虚無主義）という考えも、「私は自己をもっている」（永遠不滅主義）という考えも、ともに間違っている。なぜなら、両者ともに「私は存在する」という誤った感覚から生起する足枷だからである。アナッタ（無我）の問題に対する正しい見解は、いかなる見解にも見方にも固執せず、心的な投射を行なわずにものごとをありのままに見ようとすることである。私たちが「私」「存在」と呼んでいるものは、各々が相互依存的に、因果律に従い刻一刻と変化する物質的、心的要素の結合に過ぎない。そうした存在には、恒久で、永続し、不易で、永遠なものは何もない。

ここで必然的に一つの質問が出てくる。もしアートマンあるいは自己がないのなら、カルマ（行ない）の結果を享受するのは何なのか？　この質問にも、ブッダが誰よりも的確に答えている。一人の修行者がこの質問をしたとき、ブッダはこう答えた。「弟子たちよ、私はあなたがたにすべてのものごとに条件性を見るように教えた」

アナッタ、無魂、無自我の教えは、否定的、あるいは虚無的に理解すべきではない。ニルヴァーナと同じく、それは真理、実体であり、実体は否定的ではありえない。否定的なのは、本来存在しない自我を想像上存在すると信じることについてである。アナッタの教えは、誤った信念の闇を除き、叡智の光を生み出す。それは否定的ではない。アサンガの次のことばは的を射ている。

「無自我という真実が存在する」

第七章　心の修養（バーヴァナー）

ブッダが言った。

「弟子たちよ、病いには二種類ある。肉体的な病いと心的な病いである。肉体的な病いは、一年、二年、……一〇〇年さらにはそれ以上にわたって、かからない幸せな人がいる。

しかし弟子たちよ、心的な汚れから解放された者（すなわちアラハント）たちを除いて、この世の中で心的な病いのない状態を一瞬たりとも享受できる人は稀である」

ブッダの瞑想法

ブッダの教え、ことにその瞑想法は、完全な心的健康状態、平衡そして静謐を生み出すことを目指している。残念ながらブッダの教えの中で、仏教徒からも非仏教徒からも、瞑想ほど誤解されているものはない。「瞑想」ということばを耳にするだけで、人はすぐに日常生活の活動からの逃避だと思う。洞窟の中や僧院の一室に安置してある像のような姿勢で、社会から遠く離されたところで、なにか神秘的な考えあるいは憑依《ひょうい》状態に没頭していることを思い浮かべる。本当の仏教の瞑想は、けっして逃避ではない。瞑想に関するブッダの教えは、あまりにも理解されることがなく、誤解された結果、時間が経つにつれて瞑想法は堕落し、一種の儀式、陳腐なテクニックになり下がってしまった。多くの人は、他の人がもっていない「第三の目」のような精神的、神秘的能力を獲得するための瞑想やヨーガに興味をもっている。少し前であるがインドで、完璧な視力をもちながら、耳で見ることができる能力を発達させるために瞑想をした尼僧がいた。こうした考えは、「精神的倒錯」に他ならない。それはいつも、能力への欲望、渇望である。

瞑想ということばは「修養」「啓発」すなわち心的修養、心的啓発を意味する原語バーヴァナーの訳ではあるが、けっして適切ではない。仏教のバーヴァナーは、心の修養である。それは心を肉欲、憎しみ、悪意、怠惰、心配、落ち着きのなさ、疑いといった汚れや動揺から浄化し、集中力、気付き、知性、意志、エネルギー、分析力、自信、喜び、静けさといった資質を啓発し、最終的にはものごとをありのままに見、究極の真理、ニルヴァーナを実現する叡智に到達させるものである。

二種類の瞑想

集中力　瞑想には二種類ある。一つは心の集中力、心の一点集中の啓発のためのものである。経典にはさまざまな方法が記してあるが、「無の領域」や「感受でもなく、無感受でもない領域」といった高度な神秘的段階に至る。ブッダによれば、こうした神秘的段階は、すべて心によって生起し、心によって生み出され、条件付けられたものである。それらは、実存、真理、ニルヴァーナとは何の関係もない。この種類の瞑想は、ブッダ以前に存在した。それゆえに、これは純粋には仏教的ではないが、仏教から除外されはしなかった。しかし、これはニルヴァーナの実現にとっては本質的なものではない。ブッダ自身「目覚め」に至る前に、さまざまな師についてこうしたヨーガを行ない、最高の神秘的境地に達した。しかし、彼は満足できなかった。なぜなら、それらによっては完全な解放が得られず、究極実存の透視は得られなかったからである。ブッダは、こうした神秘的境地を「この生における幸せな生活」「平安な生活」と見なしたが、それ以上のものではなかった。

ヴィパッサナー　それゆえに、ブッダはヴィパッサナーと呼ばれるもう一つの瞑想、すなわちものごとの本質の「透視」を発見した。これは、究極の真理、ニルヴァーナの実現、心の完全な解放へと導くものである。これこそが、仏教の本質的な瞑想で、仏教の心的修養である。これは、気付き、自覚、注視、観察に基づく分析的方法である。

この広大なテーマを数頁で論じるのは不可能である。しかし、本当の仏教の瞑想、すなわち実質的な心的修養、心的啓発の簡潔な概要を紹介しよう。

もっとも重要な経典は『サティパッターナ・スッタ（気付きの確立）』（長部経典二二番、中部経典一〇番）である。この経典は、非常に崇拝されていて、寺院でも家庭でも定期的に唱えられ、信者はそれに注意深く聞き入る。瀕死の人の枕元では、死にゆく人の思いを浄めるためにこの経典が唱えられる。

この経典中に説かれる瞑想法は生活から切り離されたものでもなく、生活を避けるものでもない。その逆で、それは私たちの生活、日常の営み、悲しみと喜び、ことばと考え、道徳的・知的活動と結びついている。経典は四部に分かれており、第一部は身体、第二部は感情と感覚、第三部は心、第四部はもろもろの道徳的・知的事柄を扱っている。

瞑想法の如何を問わず、もっとも重要なことは、気付きあるいは自覚、注視あるいは観察であるということを明記する必要がある。

(1) 身体〔的活動〕に関する心的修養

意識的呼吸法　身体に関する瞑想のなかで、もっともよく知られ、一般的で、実践的なのは、意識的呼吸法である。テクストの中で、姿勢が規定されているのは、この瞑想だけである。他の瞑想に関しては、坐っていても、立っていても、歩いていても、横たわっていてもいい。しかし、意識的呼吸法のときは、「結跏趺坐《けっかふざ》し(1)、背を伸ばして、心を集中させて」坐る必要がある。結跏趺坐は、ある種の人たち、ことに西洋人には難しい。その場合には、結跏趺坐せずに、椅子に坐って、「背を直立させ、心を集中させ」ればいい。この瞑想をするには、瞑想者は背を伸ばして、硬くならずに、

(1)　〔訳注〕左右の足の甲をそれぞれ反対側の腿《もも》の上にのせて坐る姿勢。インドの瞑想・ヨーガの坐り方で、日本での坐禅の坐り方の源流。

両手を膝の上に軽く置いて坐る必要がある。目を閉じてもいいし、鼻の先を見つめるようにしてもいい。

人は昼夜休みなく息を吸い込み、吐き出す。しかし、そのことをまったく意識せず、一瞬たりともそれに注意を注ぐことがない。この瞑想は、まさにそれをするのである。力まずに、緊張せずに、普通に息を吸い、吐く。心を息の吸い込みと吐き出しに集中させる。息の吸い込みと吐き出しを注視し、観察する。息の吸い込みと吐き出しを意識し、見守る。人は息をするとき、ときとして深く、ときとして浅く息をするが、それは構わない。唯一大切なのは、深く息をするとき、深く息をしているということを意識することである。言い換えると、集中して、呼吸の動き、変化を意識しているということである。周りのことなどすべてを忘れるように。上を向いて、何かを見つめたりしてはならない。これを五分から一〇分続ける。

最初の内、呼吸に集中するのは難しい。心が乱れるのに驚かされる。心は、留まっておらず、色々なことが頭に浮かぶ。心は邪魔され、気が散る。うろたえ、がっかりするかもしれない。しかし、一日二回朝晩に、各々五―一〇分ほどこの瞑想を繰り返せば、少しずつ呼吸に集中できるようになる。そして、しばらくすると周りの音も耳に入らず、外の世界が存在しなくなり、あなたはその瞬間呼吸に全神経を集中していることに気が付くようになる。この瞬間は、あなたにとって喜び、幸せ、静謐に満ちた素晴らしい経験で、それをずっと続けたいと思うようになる。しかし、あなたは続けられない。それでも瞑想を定期的に続ければ、この経験は繰り返し訪れ、いっそう長く続くようになる。そのときあなたは、呼吸に没頭して我を忘れている。自意識がある以上、何ごとにも集中できない。

呼吸に意識を集中することは、高度な神秘的状態に至るもっともシンプルでやさしい訓練の一つである。さらには、集中力はニルヴァーナの実現をも含めて、ものごとの深い理解、省察、本質の洞察に必須なものである。

これとは別に、呼吸法の訓練には即効的効果がある。それは、肉体的健康、リラクゼーション、安眠、日常の仕事効率にとって有益である。あなたは落ち着き、平静になる。神経が高ぶり、興奮したときでも、この瞑想を数分行なえば、あなたはすぐに落ち着き、心休まる。ゆっくりと休んだあとの目覚めに近い気分である。

気付き　身体的活動に関する心的修養の、重要で、実践的で、有益なもう一つのかたちは、公私を問わず、仕事中であるかどうかを問わず、日常生活ですること、話すことを十分に意識し注意することである。歩く、立つ、坐る、横たわる、眠る、身体を曲げる、伸ばす、周りを見る、服を着る、話す、沈黙する、食べる、飲む、トイレに行くなど、すべての行ないに対して、それをする瞬間にそれを意識することである。すなわち、今この時点で、今行なうことに集中する、ということである。これは、過去・未来を考えるべきではない、というのではない。その逆で、現在と今行なうことを関連させて、ふさわしいとき、ふさわしい場で、過去・未来のことを考えるべきである、ということである。

一般に、人は自分が今行なうことに、あるいは現在に生きていない。人は過去あるいは未来に生きている。人は今ここで何かをしているように見えても、頭の中ではどこか別なところで、問題や心配事を思い浮かべながら生きている。普通の場合には、それは過去の記憶であり、未来への願望であり、思惑である。それゆえに、人は今行なっていることに生きていないし、それを楽しんでいない。だから人は現在、今している仕事が楽しめず、不満で、していることに全注意を集中できない。

たとえば、よく目にすることであるが、レストランで本を読みながら食事をしている人がいる。彼は忙しいビジネスマンに見えるかもしれない。彼は二つのことを同時にしているのかもしれない。しかし実際には、彼はそのどちらもしていない。彼は無理をしており、心が乱れており、していることを楽しんでおらず、無意識的に、愚かにも人生から逃避して、この瞬間に人生を生きていない（かといって、食事中に友だちと話してはいけないというわけではない）。

人生から逃避しようとしても、できるものではない。生きている以上は、町の中であれ洞窟の中であれ、人は人生に直面し、人生を生きねばならない。本当の人生は、過ぎ去った、死んだ過去の記憶でもなく、まだ生まれていない未来の夢でもなく、この瞬間である。今の瞬間を生きる人は、本当に人生を生きており、もっとも幸せである。

弟子たちが、一日一食のシンプルで静かな生活を送っていながら、顔色が輝いているのはどうしてかと尋ねられ、ブッダはこう答えた。

「彼らは過去を悔やまず、未来のことを気に病まない。彼らは現在を生きている。だから彼らの顔色は輝いている。愚かな者たちは、未来のことを気に病み、過去を悔やんで、それはまるで青々とした葦が刈り取られ、陽に当たって枯れてしまうようである」

気付きあるいは自覚といっても、「私はこれをしている」「私はあれをしている」といつも思い、意識することではない。その逆である。「私はこれをしている」と思う瞬間、あなたには自意識が生まれ、行なっていることにではなく、「私は存在する」という考えに生きている。その結果、行ないはだめになる。あなたは自分を完全に忘れ、今行なっていることに自分を没入しなければならない。たとえば講師に「私はこの聴衆に話している」という自意識が生まれた瞬間、講演は乱れ、思考の流れが途切れる。しかし講演に、そしてテーマに没入しているとき、講師の能力は最大限に発揮され、話もスムーズで、説明もうまく行く。芸術的、詩的、知的、精神的分野における偉大な仕事は、本人が制作に没入し、自分を完全に忘れ、自意識から解放されたときになされる。

私たちの活動に関する気付きあるいは自覚に関してブッダが教えたことは、今の瞬間、今していることに生きることである(これはまた、本質的にはこの教えに基づいた「禅」の教えでもある)。この瞑想法では、気付きあるいは自覚を発達させるのに、ことさら何かを行なう必要はなく、自分が行なうことに絶えず気を遣い、自覚するだけで十分である。「瞑想」に、あなたの貴重な時間を一瞬たりとも費やす必要はない。あなたは、自分の日常生活におけるあらゆる行ないに関して、昼夜たえず気付きあるいは自覚を修養しなければならない。今まで述べた二種類の瞑想は、身体〔的活動〕に関するものである。

(2) 感覚、感情に関する心的修養

次には、幸せ、不幸せ、そのどちらでもないといった感覚、感情に関する心的修養がある。その一例だけを挙げるとしよう。不幸な、悲しい感覚を経験したとしよう。こうした状況では、あなたの心には雲が立ちこめ、すっきりとせず、気落ちしている。場合によっては、あなたはどうして不幸せなのかがはっきりわからない。まずは不幸せと感じたとき、そのことでさらに不幸せになったり、心配事があるとき、そのことでさらに心配したりすることがないようにすべきである。そして、どうして不幸せ、心配、悲しみという感覚、感情が生まれるのかをはっきりと観察する必要がある。それがどのようにして生起するのか、何が原因なのか、どのようにして消滅するのか、どのようにして止むのかを検討する。科学者が対象を観察するように、外側に立ち、

主観的反応を交えずに状況を吟味する。ここでも、主観的に「私の感覚」「私の感情」としてではなく、客観的に「一つの感覚」「一つの感情」として眺める必要がある。そして「私」という誤った概念を棄てなければならない。感覚や感情の本質、それがどのように生起し、消滅するかがわかると、心がそれに左右されなくなり、執着がなくなり、自由になる。これはすべての感覚、感情について当てはまる。

(3) 心に関する心的修養

次には、心を検討しよう。心は、情熱的であったり、超然としていたり、あるいは憎しみ、悪意、嫉妬に打ち負かされていたり、その逆に愛情、慈しみに溢れていたり、曇っていたり、あるいは明晰であったり、実にさまざまに変化するが、そのすべてを完全に意識しなければならない。往々にして、私たちは自分の心を直視するのを恐がったり、恥ずかしがったりし、それを避けたがるということを認めなくてはならない。しかし鏡で自分の顔を見るように、勇気をもって、真剣に自分の心を直視しなければならない。

正邪、善悪の批判、判断、区別といった問題ではない。単純に観察し、眺め、検討するだけである。あなたは裁判官ではなく、科学者である。自分の心を観察し、その本当の性質が明らかになると、あなたは情熱、感情、ストレスに対して冷静になれる。そうすると執着がなくなり、自由になり、ものごとがありのままに見えてくる。

一例を挙げてみよう。あなたは本当に立腹しており、怒り、悪意、憎しみが煮えたぎっているとしよう。不思議にも、そして逆説的に、立腹している当人は、自分が立腹していることを本当に意識せず、それに気が付いていない。自分の心の状態に気付き、それを意識し、自分の怒りが見えると、自分が恥ずかしくなり、怒りが静まり始める。怒りの本質、その生起、消滅を吟味しなければならない。ここでも「私は怒っている」とか「私の怒り」ということを思ってはいけない。怒っている状態に気付き、意識するに留めなくてはならない。怒った心をただ客観的に観察し、吟味するだけである。これが、すべての感覚、感情、心の状態に対してとるべき態度である。

(4)　倫理的、精神的、知的事柄に関する心的修養

最後に、倫理的、精神的、知的事柄に関する心的修養がある。私たちの学習、読書、討論、会話、論議はすべて、この心的修養に含まれる。この本を読み、そこで扱われ

ているテーマを深く検討することは、一種の瞑想である。先にニルヴァーナの実現に至った心的修養についてのケーマカと僧侶たちとの会話をみた。

この種類の心的修養では、五つの障害について学習し、考え、討議する必要がある。五つの障害とは①色欲、②悪意、憎しみ、怒り、③もの憂さと無感覚、④落ち着きのなさ、心配、⑤懐疑的な疑いである。この五つは、いかなる明晰な理解、実質的進歩にとっても障害となると見なされる。こうした感情に打ち負かされ、それを取り除くことができないときには、人はものごとの正邪、善悪が判断できない。

また「目覚めの七要素」を瞑想することもできる。

(1)気付き。今まで見てきたような、心的および肉体的すべての活動、動きに対する自覚。

(2)教えのさまざまな問題に対する検討と研究。宗教的、倫理的、哲学的学習、読書、研究、討議、対話、そしてこうした事柄に関する講演を聴くこと。

(3)熱意をもって仕事をやり遂げるエネルギー。

(4)喜び。すなわち悲観的、沈鬱でふさぎ込んだ心的態度の正反対の資質。

(5)肉体と心のくつろぎ。肉体的にも心的にも、硬直していてはいけない。

(6)今までみてきたような、集中。
(7)平静。冷静に、落ち着いて、心が乱れることなく、人生の浮き沈みを直視できること。

こうした資質を修養するのに、もっとも本質的なのは、願望、意志、あるいは意向である。テクストの中には、先の七資質の各々を発達させるための物質的・心的条件が説明されている。

また、「存在とは何か」とか「『私』と呼ばれるものは何か」ということを探求するために五集合要素を瞑想したり、四聖諦を瞑想することもできる。こうしたテーマを学習し、探求することは、究極の真理の実現に至る四番目の瞑想に当たる。

今まで述べてきたこと以外に、伝統的には四〇に分類されるテーマに関する瞑想がある。その内で特筆すべきは、

(1)「母親が自分の一人子《ひとりご》を愛する」ように、すべての生きものに対していっさいの区別なく、無限の普遍的愛と善意を向けること
(2)苦しみや問題を抱え、苛《さいな》まれているすべての生きものを慈しむこと
(3)他人の成功、安楽、幸せを共に喜ぶこと

(4)人生の浮き沈みに平静であること
である。

第八章　ブッダの教えと現代

仏教はあまりにも高尚で、崇高な教えで、今日の仕事中心の世界に生きる普通の男女には実践できず、本当の仏教徒になるのには、仕事を辞めて僧院や静かな場所に隠棲しなければならないと考えている人たちがいる。

これは悲しいことながら、ブッダの教えを本当に理解していない人たちの誤解である。これは、仏教を完全に理解せず、断片的で偏った側面しか伝えない人たちから仏教のことを聴いたり、そういう人たちが著わした仏教に関する著作をざっと読んだりして、早急に導き出された、誤った結論である。

誰にでも開かれた教え

ブッダの教えは、僧院の僧侶たちだけでなく、家族と一緒に家庭生活を営む普通の男女にも向けられたものである。八正道という仏教の生活規範は、いっさいの区別なく、すべての人に向けられたものである。

世界の大半の人は、僧侶にはなれないし、洞窟や森の隠者にはなれない。仏教がいかに高尚で高貴であっても、現代における日常生活で実践できないものなら、それは意味がない。しかし仏教の真意を（ただ字面ではなく）正しく理解すれば、普通に家族生活を営む現代人でも確実に実践できるものである。

ある人たちは、社会から切り離された僻地で生活したほうが、仏教を受け入れやすく、実践しやすいと考える。またある人たちは、そうした隠遁生活は肉体的にも精神的にも人間を鈍らせ、気を滅入らせることになり、心的、知的発達には向いていないと考える。

本当の仏教的生活は、物理的に世界から遠ざかることではない。ブッダの一番弟子であったシャーリプトラは、こう言っている。森のなかで修行に専念しても、汚れた思いにまみれた者もいる。その逆に、村あるいは町に住み、苦行を行なわなくても、心は清く、汚れから解放された者もいる。両者のうち、村あるいは町で清らかな生活を営む人は、森に住み汚れた心で修行する人よりも確実に優れており、偉大である。

一般に、ブッダの教えを実践するのには実生活から隠遁しなければならない、と思われているが、それは誤解である。それは実践したくない人が、無意識的に口にする言い逃れである。仏教経典の中には、普通の生活を送り、家族生活を営みつつも、ブッダの教えをしっかりと実践し、ニルヴァーナを実現した男女への言及が数多くある。

（第六章「無我（アナッタ）」で見た）修行者ヴァッチャゴッタはブッダに、普通の生活を営む男女で、ブッダの教えを実践して高度な精神的境地に達した者がいるかどうか、単刀直入に尋ねた。ブッダは、一人二人ではなく、数百人でもなく、さらに多くの男女が、普通の生活を営みながら高度な精神的境地に達した、と答えた。

騒音や煩わしさから遠ざかった静かな場所での生活を楽しむ人たちもいる。しかし、普通の人たちに交じって、彼らを助けつつ、彼らに役立つかたちで仏教を実践する方が、より価値があり勇敢である。ある人たちにとっては、自らの心と性格を向上させるための予備的な道徳的、精神的、知的訓練として、ある期間引きこもって生活するのは有益で、その後に強くなって普通の生活に戻り、他人を助けることができる。しかし、自らの幸せと解脱のことだけを考え、他の人のことを顧みずに、孤高の生活を営むのは、愛、慈悲、他人への奉仕を基本とするブッダの教えに沿わないものである。

こう質問する人があるだろう。普通の生活を営みつつ仏教を実践できるのなら、ブッダはどうしてサンガ、すなわち出家者の集団を設立したのか。サンガは、自分の人生を、ただ自分の精神的、知的成長のためだけではなく、他人への奉仕のために捧げたい人にそうする機会を提供するものである。普通の人は、人生を他人への奉仕にだけ捧げるわけにはいかない。ところが、家族的責任がなく、世間的絆をもたない僧侶は、「多くの人びとのために、多くの人びとの幸福のために」全人生を捧げる立場にある。こうして、仏教寺院は、歴史の歩みとともに、単に精神的中心となったばかりでなく、教育、文化の中心となっていった。

日常生活における六種の人間関係

『シガーラ・スッタ』(長部経典三一番)には、ブッダが普通の人の生活、家族、社会関係をいかに重要視していたかが説かれている。

シガーラという青年は、父の遺言に従って、東西南北そして天地という自然界の六方を敬っていた。ブッダは彼に、自分が説く「聖なる規律」では、この六方には異なった意味があると教えた。それによれば、東は両親、西は妻子、南は先生、北は友だち、親類、隣人、そして地は召使い、作業者、使用人で、天は宗教者である。

ブッダは「この六方を崇拝すべきである」と言った。ここで「崇拝」（ナマッセーヤ）ということばは非常に意味深い。というのは、人が崇拝するのは、聖なるもの、敬意、尊敬に値するものだからである。仏教では、先述の家族的、社会的六グループは、聖なるもの、敬意、崇拝に値するものと見なされている。ではどのようにして崇拝すべきか？

ブッダは、崇拝対象に対する義務を果たすことによって初めて「崇拝」することができると述べている。その義務は、経典の中でこう説明されている。

第一に、両親は子供にとって聖なるものである。ブッダは、「両親はブラフマと呼ばれる」と言っている。ブラフマはインド思想の中で最高の、もっとも聖なる概念であり、ブッダは両親をその中に含めている。それゆえに、いい仏教徒の家庭では、現在でも子供たちは両親を毎日、朝晩「崇拝」する。「高貴な決まり」によって、彼らは両親に対して、老後の世話をする、両親のためにできる限りのことをする、家族の名誉を維持し、伝統を継承する、両親が得た富を守る、死後の葬儀を営むといったいくつかの義務を果たさねばならない。その代わりに、両親は子供に対して、悪い道に染まらないようにする、役に立つよい社会的活動をさせる、よい教育を授ける、よい縁組みをさせる、順次財産を譲り渡す、といったいくつかの責任がある。

第二に、師と弟子の関係。弟子は師を尊敬し、師に従順で、師の用を足し、熱心に学ばねばならない。その代わりに、師は弟子をしかるべく訓練し、形成し、よく教え、友だちを紹介し、学習期間が終わった時点で安定した生活すなわち職を見つけるようにしなくてはならない。

第三に、夫婦関係。夫と妻との間の愛は、ほとんど宗教的で聖なるものと見なされる。それは「聖なる家族生活」(サダーナ・ブラフマチャリヤ)と呼ばれる。ここに「ブラフマ」ということばが用いられているのは注目されるべきで、この関係に最高の敬意が払われている証拠である。妻と夫は、お互いに忠実であり、尊敬し合い、尽くし合わねばならず、相互にいくつかの義務がある。夫は妻を敬い、期待に沿うようにし、妻を愛し、妻に貞節を尽くし、その地位と快適を確保し、衣類と装飾品で満足させねばならない(ブッダが夫の妻に対する贈り物といったことを忘れていないということは、彼が普通の人間の感情に対して理解があり、共感的であったことを示している)。妻はその代わりに、家事を監督・担当し、客、訪問者、友人、親類、使用人をもてなし、夫を愛し、夫に貞節を尽くし、夫の収入を大切にし、すべての活動において賢く、エネルギッシュでなければならない。

第四に、友人、親類、隣人関係。お互いに好意的で、寛大で、ことば遣いは丁寧で、心地よく、お互いの福祉のために働き、同等で、喧嘩することなく、必要なときには助け合い、困っている相手を見捨ててはならない。

第五に、主従関係。主人あるいは雇用者は、使用人あるいは従業者に対し、いくつかの義務がある。仕事は能力と才能に見合ったものであり、ふさわしい報酬が支払われ、医療が施され、ときとして褒賞やボーナスが与えられねばならない。

第六に、宗教者（隠遁修行者とバラモン）と俗人の関係。俗人は宗教者の物質面を愛と尊敬をもって世話しなければならない。宗教者は慈しみの心をもって、俗人に知識と教養を与え、悪を避けて善なる道に導かねばならない。

家族や社会的関係のある俗人の生活も、「聖なる規律」の中に包括され、ブッダが考える仏教的生活の枠組みの中に位置付けられていることがわかる。

仏教徒

最も古いパーリ語経典である相応部経典の中で、神々の王サッカは高潔な生活を送る僧侶ばかりでなく、立派な行ないをなし、高潔で、きちんと家族を養っている俗人の弟子たちも崇拝すると宣言している。

仏教徒になるのには、入門儀礼(洗礼)は必要ない(しかしサンガの一員となるのには、長期にわたる規律的訓練と教育課程を経なければならない)。ブッダの教えを理解し、その教えが正しい道だと確信し、それに従おうとするなら、その人は仏教徒である。しかし、仏教国での伝統的な慣習では、ブッダ、ダルマ、サンガの三宝をよりどころとし、五戒(パンチャシーラ)——①殺生をしない、②盗まない、③不倫をしない、④嘘をつかない、⑤酒を飲まない——を守ることを、定型句を唱えて誓う者が仏教徒である。

仏教徒の生活様式

仏教徒には、これといった決められた儀式はない。仏教は生活様式であり、本質的には八正道を守ることである。もちろんどの仏教国にも、シンプルで美しい儀式がある。寺院には、仏像を安置した伽藍《がらん》があり、仏塔が建立され、菩提樹が植えてあり、そこで信者は礼拝し、花を捧げ、灯明を灯し、お香を焚《た》く。しかし、神を祀る他の宗教と結びつけてはならない。それは、道を教えてくださった師を追憶し、敬意を捧げているだけである。こうした伝統的な慣習は、本質的なことではないが、知的、精神的に初期段階の人びとの宗教的感情と必要を満足させ、徐々に道を歩む手助けをする意味においては意義がある。

仏教は、高尚な目標や、高度な道徳的、哲学的考えにしか関心がなく、人びとの社会的、経済的福利を無視していると考える人がいるが、それは誤っている。ブッダの関心は、人びとの幸せである。ブッダにとっての幸せとは、道徳的、精神的原則に基づいた清らかな生活を送って初めて実現されるものである。しかしブッダは、物質的、社会的に恵まれない状況にあっては、こうした生活を送ることが難しいことも十分にわかっていた。

仏教は、物質的福利が目的そのものとは考えない。それは、より高い、より貴《とうと》い目的のための手段にしか過ぎない。しかし、それは人間の幸せという、より高い目的を達成するためには不可欠な手段である。それゆえに仏教は、たとえ一人で引き籠って瞑想する僧侶にとっても、精神的に進歩するのにふさわしい最低の物質的条件の必要性を認めている。

社会的、経済的、政治的事柄

ブッダは、人生を社会的、経済的背景から切り離して考えず、社会的、経済的、政治的側面を含めた一体と見なした。ブッダの倫理的、精神的、哲学的問題に関する教えはかなりよく知られている。しかし、社会的、経済的、政治的事柄に関する教えは、ことに西洋においては、ほとんど知られていない。しかし、古い仏教経典のあちこちに、数多くの教えが見られる。以下に、その中からいくつかを紹介する。

経済的基盤——貧困は諸悪の源

『チャッカヴァッティシーハナーダ・スッタ』(長部経典二六番)には、貧困は不道徳、盗み、虚言、暴力、憎しみ、残虐行為といった犯罪の原因である、とはっきりと述べられている。昔の国王——現在でいえば政府——は犯罪を刑罰でもってなくそうとした。『クータダンタ・スッタ』(同じく長部経典)には、いかにそれが無意味で、けっして成功しないかが説明されている。ブッダはそれに代わって、犯罪を根絶するためには、人びとの経済状況が改善されるべきだと提案している。農民には、種と必要な農具が支給され、商人や事業主には必要な資本が提供され、労働者には適正な報酬が支払われるべきである。十分な収入が得られる機会が民衆に提供されれば、人びとは満足し、恐れや不安から解放され、その結果として国は平和で、犯罪はなくなる。

それゆえにブッダは、経済状況を改善することがいかに大切かを人びとに説いた。かといってブッダは、欲望と執着でもって富を蓄えたりすること——それは彼の基本的教えに反している——を認めたり、生計を立てるためのいかなる手段をもすべて認めたわけではなかった。先に見たように、武器の製造と販売などは、誤った生計として弾劾している。

今生の幸福の四因

かつてディーガジャーヌという男がブッダを訪れて尋ねた。

「師よ、私たちは、妻子をもって家族生活を営む、普通の俗人です。私たちが、この世でそしてあの世で幸せになれる教えを授けていただけますか」

ブッダは、この世で人を幸せにする四つの項目があると答えた。

(1)どんな職業に就こうとも、自分の職業を熟知した上で、技術を身に付けており、手際がよく、熱心で、エネルギッシュであること。

（2）まっとうに、汗水たらして得た収入を守ること（盗難に遭わないようにすることの意。当時の社会背景を考慮に入れる必要がある）。

（3）忠実で、徳があり、自由で、頭がよく、悪事を避け、正しい道を歩むように助けてくれるいい友だちをもつこと。

（4）収入に見合うように、多すぎもせず、少なすぎもせず支出すること。言い換えれば、貪欲に富を蓄えたり、派手に浪費しないこと。すなわち、身の丈に沿って生きること。

来生の幸福の四因

次にブッダは、あの世で人を幸せにする四つの項目を挙げた。

（1）信頼（サッダー）。道徳的、精神的、知的価値を確信すること。

（2）規律（シーラ）。命を害したり、殺《あや》めたりせず、盗みを働かず、嘘をつかず、不倫をせず、酒を飲まないこと[1]。

（3）喜捨（チャーガ）。自らの財産に執着せずに、慈善、施しを行なうこと。

（4）叡智（パンニャー）。苦しみの完全な消滅、すなわちニルヴァーナの実現に至る叡智を発達させること。

ときとしてブッダは、貯蓄と支出に関してさらに細部にわたって述べている。たとえば、シガーラ青年には、収入のうち、四分の一は日常の支出に、半分は事業への投資に、そして四分の一は緊急事態のための貯蓄にあてるようにと助言している。

四種類の幸せ

あるときブッダは、サーヴァッティのジェータ林の精舎を寄進してくれた、最大の支持者の一人であったアナータピンディカ（「孤独な人たちに食べ物を施す長者」を意味する）という金持ちにこう述べた。普通の家庭生活を営む者にとっては四種類の幸せがある。

(1)まっとうな手段で得た十分な富と経済的安定を享受すること。

(2)自分のため、家族のため、友だちと親族のため、そして慈善事業のために自由に支出できること。

（1）〔訳注〕五戒を守ること。

(3)借金がないこと。

(4)身口意《しんくい》の悪業を犯さずに過ちのない、清らかな生活を営むこと。

の四つである。この内三つが経済的なことであることは注目すべきことであるが、忘れてはならないのは、ブッダは経済的、物質的幸せは、過ちのない、清らかな生活から生まれる精神的幸せの「一六分の一にも満たない」(2)とも言っていることである。

以上から、ブッダは経済的福利が人間の幸せに不可欠と見なしていたことがわかる。しかしブッダは、精神的、道徳的基盤のない、ただ単なる物質的な進歩を、本物だとは見なさなかった。仏教は、物質的な進歩を推奨しつつも、幸せで、平和で、充足した社会の実現のために、道徳的、精神的側面の発展に常に重点を置いている。

政治・戦争

ブッダは、政治、戦争、平和に関する態度も明瞭であった。仏教が非暴力主義、平和主義を提唱し、いかなるかたちの暴力も殺生も弾劾していることはよく知られているので、ここでは繰り返さない。仏教では「正当な戦争」と呼べるものはない。それは憎しみ、残忍さ、暴力、虐殺を正当化するために作られ、流通している誤ったことばである。正義、不正義を誰が決めるというのか。強者、勝者が「正義」で、弱者、敗者は「不正義」である。こちらの戦争は常に「正義」で、相手の戦争は常に「不正義」である。仏教は戦争を正当化する立場を認めない。

ブッダは非暴力と平和を説いただけではない。サーキャ国とコーリヤ国が、ローヒニ川の水利権を巡って戦争に突入しようとしていたとき、ブッダは現地に赴き、自ら仲介し、戦争を防いだ。またマガダ国のアジャータサットゥ国王を説得して、ヴァッジ王国を攻撃するのをとどまらせたこともある。

ブッダの時代、現代と同じく、不当に国を治める支配者たちがいた。人びとは抑圧され、搾取され、拷問にあい、処刑された。過酷な税金が課せられ、残忍な処罰が行なわれた。ブッダはこうした非人間的な行ないに心を痛めていた。『ダンマパダッタカター』は、ブッダがそれゆえに政治の問題に注目するようになったことを記している。ブッダの意見は、当時の社会的、経済的、政治的背景の中で評価に値するものである。彼は、国王、大臣、行政官たちが腐敗し、不正を行なうようになると、いかに

（2）〔訳注〕一六はインドでは象徴的な数字で、「一六分の一」は「ごくわずか」の意味。

して国全体が腐敗し、堕落し、不幸になるかを説き明かしている。国が幸せであるためには、公正な政府が必要である。公正な政府がいかにして実現されるかを、ブッダは「国王の十責」として『ジャータカ』の中で説明している。

「国王の十責」

ここでいう国王は、現代の文脈では当然政府と理解されるべきもので、「国王の十責」は、今日の政府首脳、大臣、政治指導者、司法官、行政官に適用されるべきものである。

(1)気前のよさ、物惜しみのなさ、施し。支配者は、富と財産に対する渇望と執着をもつべきではなく、人びとの福利のために富と財産を施すべきである。

(2)高い道徳性。支配者はいかなる場合も、命を傷つけたり、騙したり、盗んだり、人を搾取したり、不倫をしたり、嘘をついたり、酒を飲んだりしてはならない。つまり、在家仏教徒としての五戒は守らねばならない。

(3)民衆の福利のためにすべてを犠牲にすること。すべての個人的快適さ、名声、命までも、民衆のために捧げる。

(4)正直さと誠実さ。任務の遂行に当たって恐れやえこひいきがなく、決意が固く、民衆を騙さない。
(5)親切さ。性格が優しいこと。
(6)生活の厳格さ。シンプルな生活を営み、贅沢な生活に耽ってはならない。自分を律しなければならない。
(7)憎しみ、悪意、敵意を抱かない。誰に対しても恨みを抱いてはならない。
(8)非暴力。ただ単に誰をも傷つけないというだけに留まらず、すべての戦争、暴力、命の破壊を阻止し、予防することにより、平和を促進すること。
(9)忍耐、許し、寛容、理解。腹を立てずに困難、試練、中傷を耐える。
(10)無反対、無妨害。民衆の意思に反対しない。人民の福利をもたらすいかなる措置をも妨害しない。つまり、民衆と調和して統治する。[3]

ある国が、こうした資質を具えた人たちによって統治されたなら、その国は幸せである。

(3)　インドの外交方針であるパンチャシーラ、すなわち平和五原則は、紀元前三世紀にインドの偉大な仏教王アショーカが帝国の統治に適用したものと精神を同じくする。パンチャシーラ(五戒、五徳目)ということば自体が仏教用語である。

あることは言うまでもない。しかしこれはユートピアではない。インドのアショーカ王のように、この原則に則って王国を樹立した王たちもいる。

現代の国際情勢

今日、世界は絶え間ない恐れ、不信、緊張の中にある。科学は、想像を絶する破壊力をもつ武器を生み出した。こうした死の新兵器を振りかざし、自国の方が世界にいっそうの破壊と悲惨さをもたらすことができることを誇り、大国はお互いに脅かしあい、挑戦しあっている。この狂気の道を歩み続け、このままあと一歩進めば、お互いの破壊のみならず、人類の壊滅以外にない。

人類は、自らが作り出した状況に怯え、そこから逃れる何らかの解決策を模索している。それにはブッダが説いた解決法しかない。すなわち非暴力、平和、愛、慈悲、寛容、理解、真理、叡智、あらゆる命の尊重、利己主義、憎しみ、暴力からの解放のメッセージである。

ブッダは言う。

「じつにこの世においては

怨みが、怨みによって消えることは、ついにない。
怨みは、怨みを捨てることによってこそ消える。
これは普遍的真理である」〔『ダンマパダ』五偈〕
「怒りには、怒りを捨てることによってうち勝ち
悪い行ないには、善い行ないによってうち勝ち
物惜しみには、施しによってうち勝ち
虚言には、真実によってうち勝て」〔同二二三偈〕
隣人を征服し、服属させようとする欲望と渇望がある限り、平和と幸せはない。ブッダが言う通り、
「勝者は怨みをかい
敗者は苦しみを味わう。
安らかな人は勝敗を捨て
幸せに生きる」〔同二〇一偈〕
安らぎと幸せをもたらす唯一の勝利は、自己の征服である。
「戦場において

百万の敵に勝つよりも
己《おのれ》一人にうち克つ人こそ
じつに最上の勝者である」〔同一〇三偈〕

これは素晴らしく、高貴で、至高であるが、実践不可能である、と言われるかもしれない。しかし、お互いに憎しみ合うのは実践的だろうか。お互いに殺し合うことはどうだろうか。ジャングルに棲む動物のように、常に不安と怯えの中で生きることは、どうだろうか。その方がより実践的で、快適だろうか。憎しみが憎しみによって静められたことがあるだろうか。悪が悪によって制圧されたことがあるだろうか。その逆に、憎しみが愛と親切さによって静められ、悪が善によって制圧された例は、個人レベルであるが、いくつも実在する。それに対して、こう反論されるであろう。それは個人レベルでは確かに事実で、実践可能だろうが、国レベル、国際レベルでは不可能である、と。人は、「国」「国際」「国家」といったことばの政治的、プロパガンダ的用法によって催眠術にかけられ、心理的に混乱し、盲目にされ、騙されている。国家とは、個人の巨大な集合要素以外の何物でもない。国、国家は行動せず、行動するのは個人である。個人が思うこと、行なうことが、国、国家が行なうことである。個人に当てはまることは、国、国家にも当てはまる。個人レベルで、憎しみが愛と親切さで静められるのなら、国家レベル、国際レベルでもそれは実現可能である。個人の場合でも、憎しみに対して親切さで応えるのには、とてつもない勇気、決断、道徳の力に対する信頼と確信が必要である。国際間ともなれば、それ以上である。「実践的でない」ということばを、「容易でない」という意味で用いているなら、それは当たっている。仏教的態度を採ることはけっして容易ではない。しかし、それは試してみるべきである。試すのはリスクを伴う、と言われるかもしれない。しかし、核戦争を試してみるよりは、遥かにリスクは小さいであろう。

アショーカ王

歴史上によく知られた偉大な統治者で、広大な帝国の内政、外交を司るのに、この非暴力、平和、愛の教えを適用する勇気、自信、ヴィジョンをもった人が一人でもいたことは、慰めであり、ものごとを考えるためのインスピレーションを与えてくれる。それは、「神々から愛された者」と称えられたインドの偉大な仏教王アショーカ(紀元前三世紀)である。

彼は最初は父(ビンドゥサーラ王)、祖父(チャンドラグプタ王)を手本として、全インド征服を完成しようとした。カリンガ国を侵略、征服し、併合した。この戦争で何十万人という人びとが、殺され、傷つけられ、拷問され、捕虜となった。しかし後に仏教徒になった彼は、ブッダの教えにより全く別人となった。この王の有名な石碑の一つ(整理番号XIII)は現存しており、そのテクストを読むことができるが、カリンガ国征服に関するものである。その中で王は公に「後悔」を表明し、この大虐殺のことを思い起こすのがいかに「心痛」であるかを述べている。王は再び剣を掲げて征服を企てることはなく、「生きとし生けるものに非暴力、自制、穏やかさと優しさの実践」を願った。この「敬虔による征服」は、言うまでもなく「神々から愛された者」アショーカの最大の征服である。彼自身が戦争を放棄したのみならず、「私の子供、孫たちも、(武力による)新たな征服が意義あることと考えず、……敬虔による征服のみが価値あるものと考えるように。これが、現世にとっても、来世にとってもいいことである」と願った。

勢力の絶頂にあり、さらなる領土の征服を続ける力がありながら、戦争を放棄し、平和と非暴力を志向した征服者は、人類の歴史上、彼が唯一である。

ここに現代への教訓がある。帝国の支配者が、公に戦争を放棄し、平和と非暴力のメッセージを受け入れた。近隣の王がアショーカ王の敬虔さに乗じて攻撃した、あるいは王の生存中に反逆、反乱があったという歴史的事実はない。その逆に、帝国中に平和が行き渡り、近隣諸国も彼の温厚なリーダーシップを受け入れた。

力の均衡による、あるいは核兵器の脅威による平和維持は愚かである。武力が生むのは恐怖でしかなく、けっして平和は生まれない。恐怖によって真正な、永続的平和が維持されることはありえない。恐怖から生まれるのは憎しみ、悪意、敵意だけであり、それらは一時的には相手を押さえ込めるかもしれないが、いつなんどき暴力として噴出するかもしれない。真実で真正な平和は、恐怖、猜疑、危険から解き放たれたメッター、すなわち友愛の雰囲気の中にしか出現しない。

結　び

仏教は、
自滅的な権力闘争が放棄され、
征服と敗北がなく、平和と平安が持続し、

罪のない人たちに対する迫害が断固として糾弾され、

軍事的、経済的戦争において何百万という人びとを征服する者よりも、自らを制する者の方が尊敬され、

憎しみが親切により、悪が善により征服され、

敵意、嫉妬、悪意、貪欲が人の心を侵食せず、

慈悲が行動の原動力であり、

生きとし生けるものがすべて公正さと配慮と愛情でもって扱われ、

平和で調和のとれた生活が、物質的にも恵まれた状態で、最高の、もっとも高貴な目的すなわち究極の真理であるニルヴァーナに向かって前進する社会を作り上げることを目指している。

用語集（P＝パーリ語、S＝サンスクリット語）

アートマン（S）　古代インドのヴェーダ聖典などに記される概念で、個人の最も深奥にあるとされる「個」「我」。宇宙の根源原理であるブラフマンと同一であるとされ、それと一体化する（梵我一如《ぼんがいちにょ》）のが最高の境地とされる。仏教はこれを認めない。漢訳仏典では我。

アナッタ（P）（S＝アナートマン）　アートマンは存在しないという立場。漢訳仏典では無我。

アラハント（P）（S＝アルハット）　尊敬、供養《くよう》に値する人。漢訳仏典では阿羅漢《あらかん》。

意図（P＝チェータナー）　人間に行為を行なわせる原動力。

ヴィパッサナー（P）　仏教の瞑想法の一つ。気付き、自覚、注視、観察に基づく分析的方法に基づくものごとの本質の透視。ジャーナ参照。

縁起《えんぎ》→「条件付けられた生起」

カルマ（S）（P＝カッマ）　漢訳仏典では業《ごう》。

五戒（P＝パンチャシーラ）　仏教徒が守るべき五つの項目。①殺生をしない、②盗まない、③不倫をしない、④嘘をつかない、⑤酒を飲まない。

五集合要素（P＝パンチャッカンダ）　現象界を構成する五つの要素。①物質、②感覚、③識別、

④意志、⑤意識。漢訳仏典では色《しき》、受、想、行《ぎょう》、識の五蘊《うん》。
サッダー(P)(S＝シュラッダー) 確信から生まれる信頼。単なる信心、信仰ではない。

サティパッターナ(P) 正しい注意の確立。

サムサーラ(P、S) 生死を連綿と繰り返すこと。漢訳仏典では輪廻《りんね》。

サンガ(P、S) ブッダの弟子たちの集団。狭義には出家者だけを指す。漢訳仏典では僧伽《そうぎゃ》。

三蔵 → トリピタカ
三宝 → トリラトナ
四聖諦《ししょうたい》(P＝チャッターリ・アリヤサッチャーナ) 仏教の最も基本的な四つの聖なる真理。①ドゥッカの本質、②ドゥッカの生起(起源)、③ドゥッカの消滅、④ドゥッカの消滅に至る道。漢訳仏典では苦諦《くたい》、集諦《じったい》、滅諦《めったい》、道諦《どうたい》。

ジャーナ(P、S) 瞑想法の一つ。精神集中。漢訳仏典では「禅那《ぜんな》」と音写され、現在一般に用いられている「禅」の語源。ヴィパッサナー参照。

シュラッダー → サッダー
「条件付けられた生起」(P＝パティッチャ・サムッパーダボーディ) 「これが存在するとき、あれが存在する。これが生起するとき、あれが生起する。これが存在しないとき、あれは存在しない。これが消滅するとき、あれが消滅する」という条件性、相互依存性の原理。漢訳仏典では縁起《えんぎ》。

スッタ(P)(S＝スートラ) ブッダの教えを集めたテクスト。漢訳仏典では経《きょう》。

禅 ↓ ジャーナ

タターガタ（S）　真理に到達した者、真理を発見した者。漢訳仏典では如来《にょらい》。

ダルマ（S）（P＝ダンマ）　ブッダの教え、真理、ものごとなどさまざまな意味をもつ。漢訳仏典では達磨《だるま》、法。

チェータナー ↓ 意図

テーラワーダ（P、S）　長老派仏教。スリランカをはじめミャンマー、タイなど東南アジアに伝えられる仏教の形態。ブッダ・シャーキャムニ自身の教えに近い伝統的なもので、時代的にも古い。マハーヤーナ参照。

ドゥッカ（P、S）　すべてのものごとは条件付けられた状態にあり、無常で移ろうものであることに由来する本質。漢訳仏典では苦。

トリピタカ（S）（P＝ティピタカ）　「三つの容器」の意味で、ブッダの教え（スートラ、経）、規律（ヴィナヤ、律）、それら二つに対する註釈（アビダルマ、論）を指す。漢訳仏典では三蔵。

トリラトナ（S）（P＝ティラトナ）　「三つの宝」の意味で、ブッダ（仏）、ダルマ（法）、サンガ（僧）を指す。漢訳仏典では三宝。

ニルヴァーナ（S）（P＝ニッバーナ）　ドゥッカの消滅、絶対真理。漢訳仏典では涅槃《ねはん》。

バーヴァナー（P、S）　心の修養。

八正道（P＝アリヤ・アッタンギカ・マッガ）　①正しい理解、②正しい思考、③正しいことば、④正しい行ない、⑤正しい生活、⑥正しい努力、⑦正しい注意、⑧正しい精神統一。「第四聖諦＝ドゥッカの消滅に至る道」の構成要素。漢訳仏典では正見《しょうけん》、正思《しょうし》、正語《しょうご》、正業《しょうぎょう》、正命《しょうみょう》、正精進《しょうしょうじん》、正念《しょうねん》、正定《しょうじょう》。

パリニルヴァーナ（S）（P＝パリニッバーナ）　ブッダの死。ニルヴァーナ「目覚め」とは異なる。漢訳仏典では般涅槃《はつねはん》。

ビック（P、S）　物乞い、托鉢者。仏教では出家した弟子（いわゆる僧侶）を指す。漢訳仏典では比丘《びく》。

ブッダ（P、S）　目覚めた人。ボーディ（目覚め、真理）と同源語。漢訳仏典では仏陀《ぶっだ》。

ボーディ　→「目覚め」

マハーヤーナ（S）　「大きな乗り物」の意味で、漢訳仏典では大乗。時代的には後代になって成立し、中国、日本などに伝えられたもので、先行するテーラワーダとは、さまざまな点で異なる。テーラワーダ参照。

「目覚め」（P、S＝ボーディ）　真理。漢訳仏典では菩提《ぼだい》、悟り。ボーディとブッダは、その漢訳である菩提と仏陀からは相関性がみえないが、両者は同じ語幹（budh「目覚める」）からの派生語で、「目覚め」と「目覚めた人」という対をなしている。

「目覚めた人」　→ブッダ

メッター（P）　友愛、慈悲。

解　説

今枝由郎

本書は Walpola Rahula, *What the Buddha Taught*, Bedford: Gordon Fraser Gallery, 1959 の全訳である。

原著は一九六七年以降、前記の一九五九年刊の初版の本文（一〇五頁）の後に経典選（六九頁）が追加された増補版となり、版を重ね、現在に至っている。追加された経典選には、一〇の経典が訳出（一部は抄訳・抜粋）されているが、本書には収めなかった（参考までに解説の最後にそのリストを掲げておいた）。なぜなら、これらの経典はすでにパーリ語原典から日本語に訳されており、日本人読者がそれらを容易に入手できる環境が整っている現状では、新たに英語訳から重訳する意味はないと思われるからである。そして何よりも、本書の本領は経典選ではなく、本文で展開される著者の卓越した仏教概論部分にあるからである。現在の仏教研究の最高権威者であるオックスフォード大学のR・F・ゴンブリッジ教授は、この本を「現時点で入手できる最良の仏教入門書」と評価している。

「この本は、自らが立派な仏教修行者であり、仏教を語るのにもっともふさわしい人の一人が、近代精神をはっきりと意識して著した仏教概説である」というポール・ドゥミエヴィル氏の序言の一文が、この本の特徴を言い尽くしている。

著者および本書を紹介する前に、著者の出生国であるスリランカ（かつてのセイロン）の仏教史を概観してみよう。仏教は紀元前五―四世紀に北インドで誕生したが、その伝播地域が飛躍的に拡大したのは紀元前三世紀で、マウリヤ王朝のアショーカ王が仏教に帰依してからである。スリランカに仏教がもたらされたのもこの時代であり、以後スリランカは一貫してこの初期の仏教の形態・伝統（テーラワーダ「長老派仏教」あるいは「上座部仏教」）を継承して現在に至っている。一二―一三世紀にはミャンマー（かつてのビルマ）、タイなどの東南アジアにも仏教を伝え、スリランカは仏教伝播に重要な役割を果たした。

一六世紀以後ポルトガル、オランダ、イギリスによる植民地統治下では、キリスト教優遇政策のもとで仏教は衰退した。ところが一九世紀後半になり、仏教の普遍的な価値を広めようとした神智学協会が提唱した仏教再興運動に後押しされ、仏教は勢力を取り戻した。神智学協会はウクライナ生まれのブラヴァツキー夫人(一八三一―一八九一)とアメリカ人オルコット大佐(一八三二―一九〇七)により一八七五年にニューヨークで設立された折衷神秘思想結社で、インドを拠点に活動した。この運動は、西欧では人智学(アントロポゾフィー)の創始者シュタイナー(一八六一―一九二五)などを生み出し、スリランカでは仏教の近代化に大きな貢献をして、欧米に最初に仏教思想を紹介した一人であるアナガーリカ・ダルマパーラ(一八六四―一九三三)などを輩出した。

ちなみに神智学協会は、日本仏教の近代化・復興にも関わった。明治になり、政府の廃仏毀釈政策の下で日本仏教界は衰退した。そうした時代にあって、一八八九年にオルコット大佐はダルマパーラを伴って来日し、三カ月程の滞在期間中に三十余の都市で、計八〇回近くの講演を精力的に行ない、聴衆はのべ二十数万人にも及んだといわれる。オルコット大佐はテーラワーダ仏教の立場から、日本人僧侶が戒律を守らないことを痛烈に批判し、仏教再興を訴えた。しかし彼の呼びかけに日本仏教界が反応した形跡は何もなかったようである。

日本とは対照的に、スリランカではオルコット大佐の呼びかけは実を結び、二〇世紀にはいってから、植民地支配からの脱却・近代化に仏教が中心的役割を果たした。本書の著者ワールポラ・ラーフラ師（一九〇七―九七）が生きたのは、こうした時代であった。師は旧都コロンボの東一〇キロメートル程にある町ワールポラに生まれ、伝統的な僧侶教育を受けた。その後セイロン大学に入学し、セイロン仏教史に関する非常にすぐれた論文で哲学博士号を取得した。そしてカルカッタ（現コルカタ）大学に進み、自らの帰依するテーラワーダ仏教に加えて、マハーヤーナ（大乗）仏教も研究し、仏教全般にわたる知識を広めた。さらには一九五〇年代後半にパリに渡り、二〇世紀フランス最大の中国学・仏教学の研究者ポール・ドゥミエヴィル氏（一八九四―一九七九。本書「序言」の筆者）に師事して近代的・科学的仏教研究を深めた。そこで著されたのが本書である。

　師はその後、一九六四年にアメリカ合衆国イリノイ州のノースウエスタン大学の歴史・宗教学教授に任命されたが、これは出家学僧（比丘《びく》）としてははじめてのことである。また一九六五年にアメリカ合衆国最初のテーラワーダ僧院として創建されたワシントン仏教ヴィハーラの建立にも尽力した。一九六七―六九年の三年間はスリランカでもヴィジョーダ（現スリ・ジャヤカワルダナプラ）大学の学長に就任し、近代的仏教研究の確立に貢献した。こうした業績に対して、スリランカ仏教教団はトリピタカ・ワーギーシュワラーチャーリア（三蔵阿闍梨《あじゃり》）という学僧としての最高の称号を師に贈った。

ラーフラ師はまず自らがテーラワーダ仏教の立派な実践者である。かつ研究者として、テーラワーダ仏教のみならずマハーヤーナ仏教の経典にも精通しており、それらを科学的視点と方法論でもって検討している。そして仏教の伝統的視点にとどまることなく、ヘラクレイトス、デカルトなど西洋古今の哲学者との比較も視野に入れている。その上で、多くの経典を原典から正確無比に翻訳しながら、ブッダの説いたことを体系的に説明しているが、「それらは明晰で、シンプルで、直截的であり、衒学的《げんがく》なところがいささかもない」（「序言」）。現在でも本書が「現時点で入手できる最良の仏教入門書」と評価され、読まれ続けている所以であろう。

第八章「ブッダの教えと現代」からわかるように、師は現代人に照準を当てて本書を著している。それは一九五〇年代の時代の空気に呼応したものでもある。一九五一年に行なわれた第二次世界大戦終結のためのサンフランシスコ対日講和会議で、日本に対して損害賠償請求権を持つスリランカはそれを自発的に放棄した。その背後にあ

ったのは、

「じつにこの世においては
怨みが、怨みによって消えることは、ついにない。
怨みは、怨みを捨てることによってこそ消える。
これは普遍的真理である」

という、本書にも度々引用される『ダンマパダ』のブッダのことばである。

また「平和五原則」として知られる、独立インドの外交方針であるパンチャシーラは、著者も指摘するように、紀元前三世紀のインドの偉大な仏教王アショーカの理念である。著者は、第二次世界大戦後の世界秩序の、そして人びとの生活の礎として、仏教が機能しうると確信していた。ところが周知のように、その後の世界の動きは仏教的価値観から離れていったし、グローバリゼーションの支配する二一世紀にあってはは、ますますその傾向が強まっているかに見える。

こうした情勢の中で、ブータンは注目に値する。

ジクメ・センゲ・ワンチュック第四代ブータン国王は、「国民総幸福（GNH）」理念の提唱者として世界的に知られているが、国民からは「菩薩王」と称えられている。

それは、この理念の根底にブッダの教えがあり、第四代国王はそれに則って国を治め、国民を幸福に導いてきたという認識からである。

著者ラーフラ師は、本書の中で紀元前三世紀インドのマウリヤ王朝のアショーカ王を偉大な仏教王として称えている。そして「歴史上によく知られた偉大な統治者で、広大な帝国の内政、外交を司るのに、この非暴力、平和、愛の教えを適用する勇気、自信、ヴィジョンをもった人が一人でもいたことは、慰めであり、ものごとを考えるためのインスピレーションを与えてくれる」と述べている(一八五頁)。

その例に倣えば、ジクメ・センゲ・ワンチュック王は、時代と場所を違えて出現した偉大な仏教王である。ラーフラ師は、「国王の十責」にかんして「ある国が、こうした資質を具えた人たちによって統治されたなら、その国は幸せであることは言うまでもない。しかしこれはユートピアではない。インドのアショーカ王のように、この原則に則って王国を樹立した王たちもいる」(一八一頁)と述べているが、これは過去のことではなく、現在のブータンに当てはまるであろう。そしてラーフラ師は、「ブッダの関心は、人びとの幸せである」(一七三頁)と述べているが、国民の幸せが最大の関心事であったジクメ・センゲ・ワンチュック王は、この意味においてまさに仏教王である。

彼のような国王が、二〇世紀に出現し、ブッダの理念に則って一国を統治してきたということ、そしてそれが二一世紀のブータンに引き継がれているということ、これは歴史上の「慰め」などではなく、現時点でブッダの教えが国政レベルで実践可能であることのまぎれもない証明であり、ブッダの教えの普遍性を何にもまして雄弁に物語るものである。

ドゥミエヴィル氏が指摘するように、ラーフラ師が本書で提唱する仏教は、「ユマニスト的であり、合理的であり、ある面ではソクラテス的であり、また別な面では福音書的でもあり、さらには科学的でもある」(「序言」)がゆえに、今の時代にあって国のあり方、人の生き方にとって新たな指針となりうる可能性を失っていないどころか、これからの時代にこそ見直されるべきものであろう。

日本人にとっては二重の意味でそうである。著者は「まえがき」で、「仏教に造詣はないけれども、ブッダが本当に何を説いたのかを知ろうとする、教育があり、知性のある一般読者を対象に著した」と記している。日本人で仏教にまったく造詣がない人はいないであろうが、問題はその「仏教」である。日本人にとっての仏教は、よきにつけあしきにつけ、あくまで「日本仏教」であり、この仏教はブッダ・シャーキャムニが説いた教えを含んではいるが、大きく逸脱したところもある。その結果、この類いの「仏教の造詣」は、本書に説かれている仏教の理解・発見にとっては障害になる可能性が高い。それゆえに、日本人読者にとっては、まずは今まで慣れ親しんでいる「日本仏教」の既成概念をきっぱりと捨てさり、まったくの白紙に戻ることが重要で、前提条件である。その上で初心に戻り、素直に本書を読んだとき、まったく新しい「仏教」が現れてくるであろう。この「仏教」こそが、二五〇〇年前にブッダ・シャーキャムニが説いた本来のものであり、現代に生きる者にとっても確たる指針となりうるものである。

ラーフラ師によれば、ブッダは、人間は自らの努力と知性によってあらゆる束縛から自らを自由にすることができる至高の存在であることを説き、誰に対しても自らの努力により自分を啓発し、自分を解放する道を示した。その意味において、ブッダは「救済者」であり「人類の師」である。しかしブッダは道を示したに過ぎず、その道を歩むか否かは、ひとえに私たち一人ひとりの選択・努力にかかっている。

＊　＊　＊

原著第二版巻末の経典選に訳出された経典は以下の一〇点である。

(1)「真理の輪を回し始める(初転法輪)」(*Dhammacakkatppavattana-sutta*)(相応部経典LVI、一一番)
(2)「火の教え」(*Âdittapariyâya-sutta*)(相応部経典XXXV、二八番)
(3)「普遍的愛」(*Metta-sutta*)(小部経典、五『スッタニパータ』I、八番)
(4)「吉祥」(*Mangala-sutta*)(小部経典、五『スッタニパータ』II、四番)
(5)「すべての疑念と問題の消去」(*Sabbâsava-sutta*)(中部経典二番)
(6)「布の譬え」(抜粋)(*Vatthûpama-sutta*)(中部経典七番)
(7)「正しい注意の礎」(抜粋)(*Satipatthâna-sutta*)(中部経典一〇番)
(8)「シガーラへの序言(家庭・社会関係)」(抜粋)(*Sigâlovâda-sutta*)(長部経典三一番)
(9)「真理のことば」(『ダンマパダ』からの抜粋)(小部経典二番)
(10)「ブッダ最後のことば」(*Mahâparinibbâna-sutta*)(長部経典一六番)
(ちなみに、経典選が加えられたのは、一九六一年に出版されたフランス語版が最初である。

ただし経典の数および選択には、若干の相違がある）

これらはすべてパーリ語原始仏典五ニカーヤ（一一頁注（4）参照）に収録されている。五ニカーヤはテーラワーダ仏教の大蔵経であり、日本には伝わらなかったが、一九三五年から四一年にかけて『南伝大蔵経』（全七〇巻）としてパーリ語原典から日本語に全訳出版された。これは明治期以降の近代仏教研究の画期的成果である。

しかしながら、昭和初期の訳文は戦後になり一般的日本人には難解となり、残念ながら『南伝大蔵経』はほとんど読まれなくなった。そうした中で、主な経典数点は単発的にもっとわかりやすい日本語に再訳されている。また最近になって、かなりまとまった部分の新訳が刊行されたことは喜ばしいことである（中村元監修『シリーズ原始仏典』Ⅰ（全七巻、長部経典三巻、中部経典四巻）、同Ⅱ（全六巻、相応部経典）、春秋社、二〇〇三―二〇〇五年、二〇一一―二〇一四年）。

以下に、原著増補版の経典選に収録された一〇点を読みたい方のために、現在容易に入手できる日本語訳を参考までに挙げることにする。

(1)「教法を車輪のように転じ始める章」（中村元監修『シリーズ原始仏典』Ⅱ、相応部経典

第六巻、五五三―五六二頁）
(2)「燃えている」（同書、相応部経典第四巻、四一―四四頁）
(3)「慈しみの経」（『日常語訳　新編スッタニパータ』今枝由郎訳、トランスビュー、二〇一四年、五二―五五頁）
(4)「こよなき幸せの経」（同書、七七―八一頁）
(5)「漏煩悩を捨てる――一切漏経」（中村元監修『シリーズ原始仏典』I、中部経典第一巻、一七―二七頁）
(6)「衣の喩え――布喩経」（同書、中部経典第一巻、八二―九一頁）
(7)「思念を発す――念処経」（同書、中部経典第一巻、一三五―一五三頁）
(8)「シンガーラへの教え――善生経」（同書、長部経典第三巻、二四一―二五七頁）
(9)「真理のことば」（『日常語訳　ダンマパダ』今枝由郎訳、トランスビュー、二〇一三年）
(10)「ブッダ最後の旅――大般涅槃経」（中村元監修『シリーズ原始仏典』I、長部経典第二巻、九九―二二一頁）

訳者あとがき

本書の訳出には、二重の不思議な縁を感じる。

序言の筆者ポール・ドゥミエヴィル氏は、二〇世紀フランス最大の中国学・仏教学の研究者であるが、訳者にとってはパリにおける恩師の一人である。

本書の訳出とは直接関係はないが、訳者とドゥミエヴィル氏の出会いについて少し記すことを許されたい。訳者は一九六九年に日本の大学を休学してパリに留学した。そこで手がけたテーマの一つが「ラサの宗論」という当時のチベット研究において最も関心の高い出来事であった。これは、八世紀後半のチベットを舞台に展開されたインド・中国両仏教の出会い・論争で、ドゥミエヴィル氏には『ラサの宗論』と題する大著があった。訳者は、その歴史性を敦煌出土のチベット語同時代文書から検討した。そして従来学界では「ラサの宗論」はインド僧と中国僧とによるチベット宮廷での御前討論と見なされてきたが、それは後世の脚色に過ぎず、実際にはチベット皇帝からインド僧、中国僧への書簡による一連の質疑応答であったと結論付けた。それを発表したのが一九七三年にパリで開かれた第二九回国際東洋学者会議のチベット部門であった。ドゥミエヴィル氏は高齢にもかかわらず、訳者の発表を聴きに来られ、発表後「確かに私も、御前討論ではなくチベット皇帝からの御下問に対する答申というほうが腑に落ちる」と訳者の結論を支持して下さった。その後、訳者は一九七五年にフランス国立科学研究センター（CNRS）の研究員として再渡仏したが、それ以後晩年のドゥミエヴィル氏とは親しく接する機会に恵まれた。

本書の著者ラーフラ師は、訳者よりも一〇年程前に渡仏し、ドゥミエヴィル氏に師事している。それゆえに師は、訳者にとってはドゥミエヴィル門下生の先輩にあたる。今こうして、フランス人恩師が推奨する、スリランカ人先輩の著作を日本語に訳出することになったことに、「他生の縁」としか呼びようのないものを感じるとともに、喜びを禁じえない。

もう一つは、編集者とのそれである。本書の編集は、拙著の『ブータンに魅せられて』（岩波新書、二〇〇八年）に続いて太田順子さんのお世話になった。今回は翻訳書ということで、英語原典との照合、訳語の適不適、統一といったややこしいことも多かった。集中力持続の低下を自分ながら感じている訳者には、全体を通じての整合性・

統一を図ることは難しかった。それが、まがりなりにも現状にまで仕上げられたのは、ひとえに彼女の細心の計らいのおかげである。もちろん至らない点は、すべて訳者の責任であることは言うまでもない。編集者の労に謝意を表するとともに、少なからぬ縁を感じている。

こうした背景は別にして、訳者自身、ラーフラ師の本書は現時点で入手できる最良の仏教概論であると確信している。この仏教こそは、今まで日本人が慣れ親しんできた釈迦牟尼仏の仏教とは異なった、ブッダ・シャーキャムニの本来の教えである。本訳書により、従来の漢訳仏典によるヴェールが取り除かれ、日本人がブッダ・シャーキャムニの肉声に触れることを切に祈ってやまない。

二〇一五年一一月、ジクメ・センゲ・ワンチュック第四代国王
還暦祝賀に沸く(ブータン)ティンプにて

今枝由郎

ブッダが説《と》いたこと　ワールポラ・ラーフラ著

2016年2月16日　第1刷発行
2025年2月5日　第14刷発行

訳　者　今枝由郎《いまえだよしろう》

発行者　坂本政謙

発行所　株式会社 岩波書店
〒101-8002 東京都千代田区一ツ橋 2-5-5

案内 03-5210-4000　営業部 03-5210-4111
文庫編集部 03-5210-4051
https://www.iwanami.co.jp/

印刷 製本・法令印刷　カバー・精興社

ISBN 978-4-00-333431-7　Printed in Japan

読書子に寄す

——岩波文庫発刊に際して——

岩波茂雄

真理は万人によって求められることを自ら欲し、芸術は万人によって愛されることを自ら望む。かつては民を愚昧ならしめるために学芸が最も狭き堂宇に閉鎖されたことがあった。今や知識と美とを特権階級の独占より奪い返すことはつねに進取的なる民衆の切実なる要求である。岩波文庫はこの要求に応じそれに励まされて生まれた。それは生命ある不朽の書を少数者の書斎と研究室とより解放して街頭にくまなく立たしめ民衆に伍せしめるであろう。近時大量生産予約出版の流行を見る。その広告宣伝の狂態はしばらくおくも、後代にのこすと誇称する全集がその編集に万全の用意をなしたるか。千古の典籍の翻訳企図に敬虔の態度を欠かざりしか。さらに分売を許さず読者を繋縛して数十冊を強うるがごとき、はたしてその揚言する学芸解放のゆえんなりや。吾人は天下の名士の声に和してこれを推挙するに躊躇するものである。このときにあたって、岩波書店は自己の責務のいよいよ重大なるを思い、従来の方針の徹底を期するため、すでに十数年以前より志して来た計画を慎重審議この際断然実行することにした。吾人は範をかのレクラム文庫にとり、古今東西にわたって文芸・哲学・社会科学・自然科学等種類のいかんを問わず、いやしくも万人の必読すべき真に古典的価値ある書をきわめて簡易なる形式において逐次刊行し、あらゆる人間に須要なる生活向上の資料、生活批判の原理を提供せんと欲する。この文庫は予約出版の方法を排したるがゆえに、読者は自己の欲する時に自己の欲する書物を各個に自由に選択することができる。携帯に便にして価格の低きを最主とするがゆえに、外観を顧みざるも内容に至っては厳選最も力を尽くし、従来の岩波出版物の特色をますます発揮せしめようとする。この計画たるや世間の一時の投機的なるものと異なり、永遠の事業として吾人は微力を傾倒し、あらゆる犠牲を忍んで今後永久に継続発展せしめ、もって文庫の使命を遺憾なく果たさしめることを期する。芸術を愛し知識を求むる士の自ら進んでこの挙に参加し、希望と忠言とを寄せられることは吾人の熱望するところである。その性質上経済的には最も困難多きこの事業にあえて当たらんとする吾人の志を諒として、その達成のため世の読書子とのうるわしき共同を期待する。

昭和二年七月

《日本文学(古典)》〔黄〕

古事記　倉野憲司校注
日本書紀　全五冊　坂本太郎・家永三郎・井上光貞・大野晋校注
万葉集　全五冊　佐竹昭広・山田英雄・工藤力男・大谷雅夫・山崎福之校注
竹取物語　阪倉篤義校訂
伊勢物語　大津有一校注
玉造小町子壮衰書　—小野小町物語　杤尾武校注
古今和歌集　佐伯梅友校注
土左日記　紀貫之　鈴木知太郎校注
蜻蛉日記　今西祐一郎校注
紫式部日記　池田亀鑑・秋山虔校注
紫式部集　付 大弐三位集・藤原惟規集　紫式部　南波浩校注
源氏物語　全九冊　柳井滋・室伏信助・大朝雄二・鈴木日出男・藤井貞和・今西祐一郎校注
源氏物語補作　山路の露・雲隠六帖　他二篇　今西祐一郎編注
枕草子　池田亀鑑校訂
和泉式部日記　清水文雄校注
更級日記　西下経一校注

今昔物語集　全四冊　池上洵一編
堤中納言物語　大槻修校注
西行全歌集　久保田淳・吉野朋美校注
建礼門院右京大夫集　付 平家公達草紙　久松潜一・久保田淳校注
拾遺和歌集　小町谷照彦・倉田実校注
後拾遺和歌集　久保田淳・平田喜信校注
金葉和歌集　川村晃生・柏木由夫・伊倉史人校注
詞花和歌集　工藤重矩校注
古語拾遺　斎部広成撰　西宮一民校注
王朝漢詩選　小島憲之編
新訂 方丈記　市古貞次校注
新訂 新古今和歌集　佐佐木信綱校訂
新訂 徒然草　西尾実・安良岡康作校注
平家物語　全四冊　梶原正昭・山下宏明校注
神皇正統記　北畠親房　岩佐正校注
御伽草子　全二冊　市古貞次校注
王朝秀歌選　樋口芳麻呂校注

定家八代抄　—続王朝秀歌選　全二冊　樋口芳麻呂・後藤重郎校注
閑吟集　真鍋昌弘校注
中世なぞなぞ集　鈴木棠三編
千載和歌集　久保田淳校注
謡曲選集　読む能の本　野上豊一郎編
おもろさうし　外間守善校注
太平記　全六冊　兵藤裕己校注
好色一代男　井原西鶴　横山重校訂
好色五人女　井原西鶴　東明雅校註
武道伝来記　井原西鶴　横山重・前田金五郎校注
西鶴文反古　井原西鶴　片岡良一校訂
芭蕉紀行文集　付 嵯峨日記　中村俊定校注
芭蕉 おくのほそ道　付 曾良旅日記・奥細道菅菰抄　萩原恭男校注
芭蕉俳句集　中村俊定校注
芭蕉連句集　中村俊定・萩原恭男校注
芭蕉書簡集　萩原恭男校注
芭蕉文集　潁原退蔵編註

芭蕉俳文集 全二冊	堀切実編注
芭蕉自筆 奥の細道	上野洋三・櫻井武次郎校注
蕪村俳句集 付 春風馬堤曲 他二篇	尾形仂校注
蕪村七部集	伊藤松宇校訂
近世畸人伝	伴蒿蹊・森銑三校註
雨月物語	上田秋成・長島弘明校注
宇下人言 修行録	松平定信・松平定光校訂
新訂 一茶俳句集	丸山一彦校注
一茶 父の終焉日記・おらが春 他一篇	矢羽勝幸校注
増補 俳諧歳時記栞草 全二冊	曲亭馬琴編・藍亭青藍補・堀切実校注
北越雪譜	鈴木牧之編撰・京山人百樹刪定・岡田武松校訂
東海道中膝栗毛 全二冊	十返舎一九・麻生磯次校注
浮世床	式亭三馬・和田万吉校訂
梅暦 全二冊	為永春水・古川久校訂
百人一首一夕話 全二冊	尾崎雅嘉・古川久校訂
こぶとり爺さん・かちかち山 —日本の昔ばなしI	関敬吾編
桃太郎・舌きり雀・花さか爺 —日本の昔ばなしII	関敬吾編
一寸法師・さるかに合戦・浦島太郎 —日本の昔ばなしIII	関敬吾編
芭蕉臨終記 花屋日記 付 芭蕉翁終焉記・前後日記・行状記	小宮豊隆校訂
醒睡笑 全二冊	安楽庵策伝・鈴木棠三校注
歌舞伎十八番の内 勧進帳	郡司正勝校注
江戸怪談集 全三冊	高田衛編・校注
柳多留名句選	山澤英雄選・粕谷宏紀校注
松蔭日記	上野洋三校注
鬼貫句選・独ごと	復本一郎校注
井月句集	復本一郎編
花見車・元禄百人一句	雲英末雄・佐藤勝明校注
江戸漢詩選 全二冊	揖斐高編訳
説経節 俊徳丸・小栗判官 他三篇	兵藤裕己編注

《日本思想》〔青〕

- 風姿花伝（花伝書） 世阿弥／野上豊一郎・西尾実 校訂
- 五輪書 宮本武蔵／渡辺一郎 校注
- 葉隠 全三冊 山本常朝／和辻哲郎・古川哲史 校訂
- 養生訓・和俗童子訓 貝原益軒／石川謙 校訂
- 貝原益軒 大和俗訓 石川謙 校訂
- 蘭学事始 杉田玄白／緒方富雄 校註
- 島津斉彬言行録 牧野伸顕 序
- 塵劫記 吉田光由／大矢真一 校注
- 兵法家伝書 付 新陰流兵法目録事 柳生宗矩／渡辺一郎 校注
- 農業全書 宮崎安貞 編録／貝原楽軒 刪補／土屋喬雄 校訂
- 上宮聖徳法王帝説 東野治之 校注
- 霊の真柱 平田篤胤／子安宣邦 校注
- 仙境異聞・勝五郎再生記聞 平田篤胤／子安宣邦 校注
- 茶湯一会集・閑夜茶話 井伊直弼／戸田勝久 校注
- 西郷南洲遺訓 附 手抄言志録及遺文 山田済斎 編
- 文明論之概略 福沢諭吉／松沢弘陽 校注

- 新訂 福翁自伝 富田正文 校訂
- 学問のすゝめ 福沢諭吉
- 福沢諭吉教育論集 山住正己 編
- 福沢諭吉家族論集 中村敏子 編
- 福沢諭吉の手紙 慶應義塾 編
- 新島襄の手紙 同志社 編
- 新島襄 教育宗教論集 同志社 編
- 新島襄自伝 —手記・紀行文・日記 同志社 編
- 植木枝盛選集 家永三郎 編
- 日本の下層社会 横山源之助
- 中江兆民 三酔人経綸問答 桑原武夫・島田虔次 訳・校注
- 中江兆民評論集 松永昌三 編
- 一年有半・続一年有半 中江兆民／井田進也 校注
- 憲法義解 伊藤博文／宮沢俊義 校註
- 日本風景論 志賀重昂／近藤信行 校訂
- 日本開化小史 田口卯吉／嘉治隆一 校訂
- 新訂 蹇蹇録 —日清戦争外交秘録 陸奥宗光／中塚明 校注

- 茶の本 岡倉覚三／村岡博 訳
- 武士道 新渡戸稲造／矢内原忠雄 訳
- 新渡戸稲造論集 鈴木範久 編
- キリスト信徒のなぐさめ 内村鑑三
- 余はいかにしてキリスト信徒となりしか 内村鑑三／鈴木範久 訳
- 代表的日本人 内村鑑三／鈴木範久 訳
- 後世への最大遺物・デンマルク国の話 内村鑑三
- 宗教座談 内村鑑三
- ヨブ記講演 内村鑑三
- 足利尊氏 山路愛山
- 徳川家康 全二冊 山路愛山
- 妾の半生涯 福田英子
- 三十三年の夢 宮崎滔天／島田虔次・近藤秀樹 校注
- 善の研究 西田幾多郎
- 西田幾多郎哲学論集 II —論理と生命 他四篇 上田閑照 編
- 西田幾多郎哲学論集 III —自覚について 他四篇 上田閑照 編
- 西田幾多郎歌集 上田薫 編

西田幾多郎講演集　田中裕編
西田幾多郎書簡集　藤田正勝編
帝国主義　幸徳秋水　山泉進校注
兆民先生 他八篇　幸徳秋水　梅森直之校注
基督抹殺論　幸徳秋水
貧乏物語　河上肇　大内兵衛解題
河上肇評論集　杉原四郎編
中国文明論集　宮崎市定　礪波護編
西欧紀行 祖国を顧みて　河上肇
史記を語る　宮崎市定
中国史 全二冊　宮崎市定
大杉栄評論集　飛鳥井雅道編
女工哀史　細井和喜蔵
奴隷 —小説・女工哀史1　細井和喜蔵
工場 —小説・女工哀史2　細井和喜蔵
初版 日本資本主義発達史 全二冊　野呂栄太郎
谷中村滅亡史　荒畑寒村

遠野物語・山の人生　柳田国男
海上の道　柳田国男
野草雑記・野鳥雑記　柳田国男
孤猿随筆　柳田国男
婚姻の話　柳田国男
都市と農村　柳田国男
十二支考 全二冊　南方熊楠
津田左右吉歴史論集　今井修編
特命全権大使 米欧回覧実記 全五冊　久米邦武編　田中彰校注
日本イデオロギー論　戸坂潤
古寺巡礼　和辻哲郎
風土 —人間学的考察　和辻哲郎
イタリア古寺巡礼　和辻哲郎
倫理学 全四冊　和辻哲郎
人間の学としての倫理学　和辻哲郎
日本倫理思想史 全四冊　和辻哲郎
「いき」の構造 他二篇　九鬼周造

九鬼周造随筆集　菅野昭正編
偶然性の問題　九鬼周造
時間論 他二篇　九鬼周造　小浜善信編
田沼時代　辻善之助
パスカルにおける人間の研究　三木清
構想力の論理 全二冊　三木清
漱石詩注　吉川幸次郎
新版 きけわだつみのこえ —日本戦没学生の手記　日本戦没学生記念会編
新版 第二集 きけわだつみのこえ —日本戦没学生の手記　日本戦没学生記念会編
君たちはどう生きるか　吉野源三郎
地震・憲兵・火事・巡査　山崎今朝弥　森長英三郎編
懐旧九十年　石黒忠悳
武家の女性　山川菊栄
覚書 幕末の水戸藩　山川菊栄
忘れられた日本人　宮本常一
家郷の訓　宮本常一
大阪と堺　三浦周行　朝尾直弘編

国家と宗教 —ヨーロッパ精神史の研究　南原繁
石橋湛山評論集　松尾尊兊編
民藝四十年　柳宗悦
手仕事の日本　柳宗悦
工藝文化　柳宗悦
南無阿弥陀仏 付 心偈　柳宗悦
柳宗悦茶道論集　熊倉功夫編
雨夜譚 —渋沢栄一自伝　長幸男校注
中世の文学伝統　風巻景次郎
平塚らいてう評論集　小林登美枝・米田佐代子編
最暗黒の東京　松原岩五郎
日本の民家　今和次郎
原爆の子 —広島の少年少女のうったえ 全二冊　長田新編
暗黒日記 —一九四二—一九四五　清沢洌　山本義彦編
臨済・荘子　前田利鎌
『青鞜』女性解放論集　堀場清子編
大津事件 —ロシア皇太子大津遭難　尾佐竹猛　三谷太一郎校注

幕末遣外使節物語 —夷狄の国へ　尾佐竹猛　吉良芳恵校注
極光のかげに —シベリア俘虜記　高杉一郎
イスラーム文化 —その根柢にあるもの　井筒俊彦
意識と本質 —精神的東洋を索めて　井筒俊彦
神秘哲学 —ギリシアの部　井筒俊彦
意味の深みへ —東洋哲学の水位　井筒俊彦
コスモスとアンチコスモス —東洋哲学のために　井筒俊彦
幕末政治家　福地桜痴　佐々木潤之介校注
渡辺一夫評論選 狂気について 他二十二篇　大江健三郎・清水徹編
維新旧幕比較論　木下真弘　宮地正人校注
被差別部落一千年史　高橋貞樹　沖浦和光校注
花田清輝評論集　粉川哲夫編
英国の文学　吉田健一
中井正一評論集　長田弘編
山びこ学校　無着成恭編
考史遊記　桑原隲蔵
福沢諭吉の哲学 他六篇　丸山眞男　松沢弘陽編

政治の世界 他十篇　丸山眞男　松本礼二編注
超国家主義の論理と心理 他八篇　丸山眞男　古矢旬編
田中正造文集 全二冊　由井正臣・小松裕編
国語学史　時枝誠記
定本 育児の百科 全三冊　松田道雄
大西祝選集 哲学篇 全二冊　小坂国継編
哲学の三つの伝統 他十二篇　野田又夫
大隈重信演説談話集　早稲田大学編
大隈重信自叙伝　早稲田大学編
人生の帰趣　山崎弁栄
転回期の政治　宮沢俊義
何が私をこうさせたか —獄中手記　金子文子
明治維新　遠山茂樹
禅海一瀾講話　釈宗演
明治政治史　岡義武
転換期の大正　岡義武
山県有朋 —明治日本の象徴　岡義武

近代日本の政治家　岡　義武
ニーチェの顔 他十三篇　氷上英廣・三島憲一編
伊藤野枝集　森まゆみ編
前方後円墳の時代　近藤義郎
日本の中世国家　佐藤進一
岩波茂雄伝　安倍能成

《東洋文学》〔赤〕

楚辞　小南一郎訳注
杜甫詩選　黒川洋一編
李白詩選　松浦友久編訳
唐詩選　全三冊　前野直彬注解
完訳 三国志　全八冊　小川環樹・金田純一郎訳
西遊記　全十冊　中野美代子訳
菜根譚　洪自誠／今井宇三郎訳注
阿Q正伝・狂人日記 他十二篇（吶喊）　魯迅／竹内好訳
朝花夕拾　魯迅／松枝茂夫訳
歴史小品　郭沫若／平岡武夫訳
家　全二冊　巴金／飯塚朗訳
新編 中国名詩選　全三冊　川合康三編訳
聊斎志異　全二冊　蒲松齢／立間祥介編訳
李商隠詩選　川合康三選訳
白楽天詩選　全二冊　川合康三訳注
文選　全六冊　川合康三・富永一登・釜谷武志・和田英信・浅見洋二・緑川英樹訳注
曹操・曹丕・曹植詩文選　川合康三編訳
ケサル王物語 ―チベットの英雄叙事詩　アレクサンドラ・ダヴィッド＝ネール／アプル・ユンテン／富樫瓔子訳
バガヴァッド・ギーター　上村勝彦訳
ダライ・ラマ六世恋愛詩集　今枝由郎／海老原志穂編訳
朝鮮童謡選　金素雲訳編
朝鮮短篇小説選　全二冊　大村益夫・長璋吉・三枝壽勝編訳
尹東柱詩集 空と風と星と詩　金時鐘編訳
アイヌ民譚集 付 えぞおばけ列伝　知里真志保編訳
アイヌ叙事詩 ユーカラ　金田一京助採集並ニ訳

《ギリシア・ラテン文学》〔赤〕

ホメロス イリアス　全二冊　松平千秋訳
ホメロス オデュッセイア　全二冊　松平千秋訳
イソップ寓話集　中務哲郎訳
アイスキュロス アガメムノーン　久保正彰訳
アイスキュロス 縛られたプロメーテウス　呉茂一訳
アンティゴネー　ソポクレース／中務哲郎訳
ソポクレス オイディプス王　藤沢令夫訳
ソポクレス コロノスのオイディプス　ソポクレス／高津春繁訳
ヒッポリュトス ―パイドラーの恋　エウリーピデース／松平千秋訳
バッカイ ―バッコスに憑かれた女たち　エウリーピデース／逸身喜一郎訳
ヘシオドス 神統記　廣川洋一訳
女の議会　アリストパネース／村川堅太郎訳
アポロドーロス ギリシア神話　高津春繁訳
ダフニスとクロエー　ロンゴス／松平千秋訳
ギリシア・ローマ抒情詩選 ―花冠　呉茂一訳
オウィディウス 変身物語　全二冊　中村善也訳
サテュリコン ―古代ローマの諷刺小説　ペトロニウス／国原吉之助訳
ギリシア・ローマ神話 付 インド・北欧神話　ブルフィンチ／野上弥生子訳
ギリシア・ローマ名言集　柳沼重剛編
ローマ諷刺詩集　ペルシウス・ユウェナーリス／国原吉之助訳

《南北ヨーロッパ他文学》〔赤〕

ダンテ 新生 山川丙三郎訳
夢のなかの夢 タブッキ 和田忠彦訳
カヴァレリーア・ルスティカーナ 他十一篇 G・ヴェルガ 河島英昭訳
カルヴィーノ イタリア民話集 全二冊 河島英昭編訳
むずかしい愛 カルヴィーノ 和田忠彦訳
パロマー カルヴィーノ 和田忠彦訳
カルヴィーノ アメリカ講義 ―新たな千年紀のための六つのメモ 米川良夫 和田忠彦訳
まっぷたつの子爵 カルヴィーノ 河島英昭訳
魔法の庭・空を見上げる部族 他十四篇 カルヴィーノ 和田忠彦訳
ペトラルカ ルネサンス書簡集 近藤恒一編訳
ペトラルカ 無知について 近藤恒一訳
美しい夏 パヴェーゼ 河島英昭訳
流刑 パヴェーゼ 河島英昭訳
祭の夜 パヴェーゼ 河島英昭訳
月と篝火 パヴェーゼ 河島英昭訳
ウンベルト・エーコ 小説の森散策 和田忠彦訳

バウドリーノ 全二冊 ウンベルト・エーコ 堤康徳訳
タタール人の砂漠 ブッツァーティ 脇功訳
ラサリーリョ・デ・トルメスの生涯 会田由訳
ドン・キホーテ前篇 全三冊 セルバンテス 牛島信明訳
ドン・キホーテ後篇 全三冊 セルバンテス 牛島信明訳
娘たちの空返事 他一篇 モラティン 佐竹謙一訳
プラテーロとわたし J・R・ヒメーネス 長南実訳
オルメードの騎士 ロペ・デ・ベガ 長南実訳
サラマンカの学生 他六篇 エスプロンセーダ 佐竹謙一訳
セビーリャの色事師と石の招客 他一篇 ティルソ・デ・モリーナ 佐竹謙一訳
ティラン・ロ・ブラン 全四冊 J・マルトゥレイ M・J・ダ・ガルバ 田澤耕訳
ダイヤモンド広場 マルセー・ルドゥレダ 田澤耕訳
完訳 アンデルセン童話集 全七冊 大畑末吉訳
即興詩人 全二冊 アンデルセン 大畑末吉訳
アンデルセン自伝 大畑末吉訳
王の没落 イェンセン 長島要一訳
イプセン 人形の家 原千代海訳

イプセン 野鴨 原千代海訳
令嬢ユリェ ストリントベルク 茅野蕭々訳
アミエルの日記 全四冊 河野与一訳
クオ・ワディス 全三冊 シェンキェーヴィチ 木村彰一訳
山椒魚戦争 カレル・チャペック 栗栖継訳
ロボット (R・U・R) チャペック 千野栄一訳
白い病 カレル・チャペック 阿部賢一訳
マクロプロスの処方箋 カレル・チャペック 阿部賢一訳
灰とダイヤモンド 全二冊 アンジェイェフスキ 川上洸訳
牛乳屋テヴィエ ショレム・アレイヘム 西成彦訳
完訳 千一夜物語 全十三冊 豊島与志雄 渡辺一夫 佐藤正彰 岡部正孝訳
ルバイヤート オマル・ハイヤーム 小川亮作訳
ゴレスターン サァディー 沢英三訳
アブー・ヌワース アラブ飲酒詩選 アブー・ヌワース 塙治夫編訳
王書 ―古代ペルシャの神話・伝説 フェルドウスィー 岡田恵美子訳
中世騎士物語 ブルフィンチ 野上弥生子訳
コルタサル短篇集 悪魔の涎・追い求める男 他八篇 木村榮一訳

遊戯の終わり　コルタサル 木村榮一訳
秘密の武器　コルタサル 木村榮一訳
ペドロ・パラモ　ファン・ルルフォ 杉山晃 増田義郎訳
伝奇集　J・L・ボルヘス 鼓直訳
創造者　J・L・ボルヘス 鼓直訳
続審問　J・L・ボルヘス 中村健二訳
七つの夜　J・L・ボルヘス 野谷文昭訳
詩という仕事について　J・L・ボルヘス 鼓直訳
汚辱の世界史　J・L・ボルヘス 中村健二訳
ブロディーの報告書　J・L・ボルヘス 鼓直訳
アレフ　J・L・ボルヘス 鼓直訳
語るボルヘス —書物・不死性・時間ほか　J・L・ボルヘス 木村榮一訳
シェイクスピアの記憶　ホルヘ・ルイス・ボルヘス 内田兆史 鼓直訳
20世紀ラテンアメリカ短篇選　野谷文昭編訳
フエンテス短篇集 アウラ・純な魂 他四篇　木村榮一訳
アルテミオ・クルスの死　フエンテス 木村榮一訳
緑の家 全二冊　バルガス＝リョサ 木村榮一訳

密林の語り部　バルガス＝リョサ 西村英一郎訳
ラ・カテドラルでの対話　バルガス＝リョサ 旦敬介訳
弓と竪琴　オクタビオ・パス 牛島信明訳
鷲か太陽か？　オクタビオ・パス 野谷文昭訳
ラテンアメリカ民話集　三原幸久編訳
やし酒飲み　エイモス・チュツオーラ 土屋哲訳
薬草まじない　エイモス・チュツオーラ 土屋哲訳
マイケル・K　J・M・クッツェー くぼたのぞみ訳
ミゲル・ストリート　V・S・ナイポール 小沢自然 小野正嗣訳
キリストはエボリで止まった　カルロ・レーヴィ 竹山博英訳
クァジーモド全詩集　河島英昭訳
ウンガレッティ全詩集　河島英昭訳
クオーレ　デ・アミーチス 和田忠彦訳
ゼーノの意識 全二冊　ズヴェーヴォ 堤康徳訳
冗談　ミラン・クンデラ 西永良成訳
小説の技法　ミラン・クンデラ 西永良成訳
世界イディッシュ短篇選　西成彦編訳

シェフチェンコ詩集　藤井悦子編訳
死と乙女　アリエル・ドルフマン 飯島みどり訳

《ロシア文学》〔赤〕

オネーギン　プーシキン　池田健太郎訳
スペードの女王・ベールキン物語　プーシキン　神西清訳
外套・鼻　ゴーゴリ　平井肇訳
日本渡航記 ―フレガート「パルラダ」号より　ゴンチャロフ　井上満訳
二重人格　ドストエフスキー　小沼文彦訳
罪と罰 全三冊　ドストエフスキー　江川卓訳
白痴 全二冊　ドストエフスキイ　米川正夫訳
カラマーゾフの兄弟 全四冊　ドストエーフスキイ　米川正夫訳
アンナ・カレーニナ 全三冊　トルストイ　中村融訳
戦争と平和 全六冊　トルストイ　藤沼貴訳
トルストイ民話集 人はなんで生きるか 他四篇　中村白葉訳
トルストイ民話集 イワンのばか 他八篇　中村白葉訳
イワン・イリッチの死　トルストイ　米川正夫訳
復活 全二冊　トルストイ　藤沼貴訳
人生論　トルストイ　中村融訳
かもめ　チェーホフ　浦雅春訳
ワーニャおじさん　チェーホフ　小野理子訳
桜の園　チェーホフ　小野理子訳
チェーホフ妻への手紙 全二冊　湯浅芳子訳
カシタンカ・ねむい 他七篇　チェーホフ　神西清訳
ゴーリキー短篇集　上田進・横田瑞穂訳編
どん底　ゴーリキイ　中村白葉訳
ソルジェニーツィン短篇集　木村浩編訳
アファナーシエフ ロシア民話集 全二冊　中村喜和編訳
われら　ザミャーチン　川端香男里訳
プラトーノフ作品集　原卓也訳
悪魔物語・運命の卵　ブルガーコフ　水野忠夫訳
巨匠とマルガリータ 全二冊　ブルガーコフ　水野忠夫訳

《哲学・教育・宗教》〔青〕

- ソクラテスの弁明・クリトン　プラトン　久保勉訳
- ゴルギアス　プラトン　加来彰俊訳
- 饗宴　プラトン　久保勉訳
- テアイテトス　プラトン　田中美知太郎訳
- パイドロス　プラトン　藤沢令夫訳
- メノン　プラトン　藤沢令夫訳
- 国家　全二冊　プラトン　藤沢令夫訳
- プロタゴラス　—ソフィストたち　プラトン　藤沢令夫訳
- パイドン　—魂の不死について　プラトン　岩田靖夫訳
- アナバシス　—敵中横断六〇〇〇キロ　クセノポン　松平千秋訳
- アリストテレス　ニコマコス倫理学　全二冊　高田三郎訳
- アリストテレス　形而上学　全二冊　出隆訳
- アリストテレス　弁論術　戸塚七郎訳
- アリストテレース詩学　ホラーティウス詩論　松本仁助・岡道男訳
- 物の本質について　ルクレーティウス　樋口勝彦訳
- エピクロス　—教説と手紙　出隆・岩崎允胤訳

- 生の短さについて　他二篇　セネカ　大西英文訳
- 怒りについて　他二篇　セネカ　兼利琢也訳
- エピクテトス　人生談義　全二冊　國方栄二訳
- 人さまざま　テオプラストス　森進一訳
- マルクス・アウレーリウス　自省録　神谷美恵子訳
- 老年について　キケロー　中務哲郎訳
- 友情について　キケロー　中務哲郎訳
- 弁論家について　全二冊　キケロー　大西英文訳
- 平和の訴え　エラスムス　箕輪三郎訳
- エラスムス＝トマス・モア往復書簡　沓掛良彦・高田康成訳
- 方法序説　デカルト　谷川多佳子訳
- 哲学原理　デカルト　桂寿一訳
- 精神指導の規則　デカルト　野田又夫訳
- 情念論　デカルト　谷川多佳子訳
- パンセ　全三冊　パスカル　塩川徹也訳
- パスカル　小品と手紙　塩川徹也・望月ゆか訳
- スピノザ　神学・政治論　全二冊　畠中尚志訳

- 知性改善論　スピノザ　畠中尚志訳
- スピノザ　エチカ（倫理学）　全二冊　畠中尚志訳
- スピノザ　国家論　畠中尚志訳
- スピノザ往復書簡集　畠中尚志訳
- デカルトの哲学原理　—附 形而上学的思想　スピノザ　畠中尚志訳
- スピノザ　神・人間及び人間の幸福に関する短論文　畠中尚志訳
- モナドロジー　他二篇　ライプニッツ　谷川多佳子・岡部英男訳
- ノヴム・オルガヌム（新機関）　ベーコン　桂寿一訳
- 市民の国について　全二冊　ヒューム　小松茂夫訳
- 自然宗教をめぐる対話　ヒューム　犬塚元訳
- 君主の統治について　—謹んでキプロス王に捧げる　トマス・アクィナス　柴田平三郎訳
- 精選　神学大全　全四冊　トマス・アクィナス　稲垣良典・山本芳久編／訳
- エミール　全三冊　ルソー　今野一雄訳
- 人間不平等起原論　ルソー　本田喜代治・平岡昇訳
- ルソー　社会契約論　桑原武夫・前川貞次郎訳
- 言語起源論　—旋律と音楽的模倣について　ルソー　増田真訳
- ディドロ　絵画について　佐々木健一訳

純粋理性批判 全三冊　カント　篠田英雄訳

カント 実践理性批判　波多野精一・宮本和吉・篠田英雄訳

判断力批判 全二冊　カント　篠田英雄訳

永遠平和のために　カント　宇都宮芳明訳

プロレゴメナ　カント　篠田英雄訳

人倫の形而上学 全二冊　カント　熊野純彦・宮村悠介訳

シュライエルマッハー 独白　木場深定訳

ヘーゲル 政治論文集 全二冊　金子武蔵訳

哲学史序論 —哲学と哲学史　ヘーゲル　武市健人訳

歴史哲学講義 全二冊　ヘーゲル　長谷川宏訳

法の哲学 —自然法と国家学の要綱 全二冊　ヘーゲル　上妻精・佐藤康邦・山田忠彰訳

学問論　シェリング　西川富雄・藤田正勝監訳

自殺について 他四篇　ショウペンハウエル　斎藤信治訳

読書について 他二篇　ショウペンハウエル　斎藤忍随訳

知性について 他四篇　ショーペンハウエル　細谷貞雄訳

不安の概念　キェルケゴール　斎藤信治訳

死に至る病　キェルケゴール　斎藤信治訳

体験と創作 全二冊　ディルタイ　柴田治三郎・小牧健夫訳

眠られぬ夜のために 全二冊　ヒルティ　草間平作・大和邦太郎訳

幸福論 全三冊　ヒルティ　草間平作・大和邦太郎訳

悲劇の誕生　ニーチェ　秋山英夫訳

ツァラトゥストラはこう言った 全二冊　ニーチェ　氷上英廣訳

道徳の系譜　ニーチェ　木場深定訳

善悪の彼岸　ニーチェ　木場深定訳

この人を見よ　ニーチェ　手塚富雄訳

プラグマティズム　W・ジェイムズ　桝田啓三郎訳

宗教的経験の諸相 全二冊　W・ジェイムズ　桝田啓三郎訳

日常生活の精神病理　フロイト　高田珠樹訳

精神分析入門講義 全二冊　フロイト　高田珠樹・新宮一成・須藤訓任・道籏泰三訳

純粋現象学及現象学的哲学考案 全二冊　フッセル　池上鎌三訳

デカルト的省察　フッサール　浜渦辰二訳

愛の断想・日々の断想　ジンメル　清水幾太郎訳

ジンメル宗教論集　深澤英隆編訳

笑い　ベルクソン　林達夫訳

道徳と宗教の二源泉　ベルクソン　平山高次訳

物質と記憶　ベルクソン　熊野純彦訳

時間と自由　ベルクソン　中村文郎訳

ラッセル教育論　安藤貞雄訳

ラッセル幸福論　安藤貞雄訳

存在と時間 全四冊　ハイデガー　熊野純彦訳

学校と社会　デューイ　宮原誠一訳

民主主義と教育 全二冊　デューイ　松野安男訳

我と汝・対話　マルティン・ブーバー　植田重雄訳

アラン 幸福論　神谷幹夫訳

アラン 定義集　神谷幹夫訳

天才の心理学　E・クレッチュマー　内村祐之訳

英語発達小史　H・ブラッドリ　寺澤芳雄訳

日本の弓術　オイゲン・ヘリゲル述　柴田治三郎訳

似て非なる友について 他三篇　プルタルコス　柳沼重剛訳

ことばのロマンス —英語の語源　ウィークリー　寺澤芳雄・出淵博訳

ヴィーコ 学問の方法　上村忠男・佐々木力訳

岩波文庫の最新刊

岩波文庫の最新刊

形而上学叙説 他五篇
ライプニッツ著／佐々木能章訳

中期の代表作『形而上学叙説』をはじめ、アルノー宛書簡などを収録。後年の「モナド」や「予定調和」の萌芽をここに見る。七五年ぶりの新訳。

〔青六一六-三〕　定価一二七六円

気体論講義 (下)
ルートヴィヒ・ボルツマン著／稲葉肇訳

気体は熱力学に支配され、分子は力学に支配される。下巻においてボルツマンは、二つの力学を関係づけ、統計力学の理論的な基礎づけも試みる。（全二冊）

〔青九五九-二〕　定価一四三〇円

八木重吉詩集
若松英輔編

近代詩の彗星、八木重吉(一八九八―一九二七)。生への愛しみとかなしみに満ちた詩篇を、『秋の瞳』『貧しき信徒』、残された「詩稿」「訳詩」から精選。

〔緑二三六-一〕　定価一一五五円

過去と思索 (六)
ゲルツェン著／金子幸彦・長縄光男訳

亡命先のロンドンから自身の雑誌《北極星》や新聞《コロコル》を通じて、「自由な言葉」をロシアに届けるゲルツェン。人生の絶頂期を迎える。（全七冊）

〔青N六一〇-七〕　定価一五〇七円

……今月の重版再開……

死せる魂 (上)(中)(下)
ゴーゴリ作／平井肇・横田瑞穂訳

〔赤六〇五-四～六〕　定価(上)八五八、(中)七九二、(下)八五八円

定価は消費税10％込です　　2025. 2